まえがき

タイトルを「愛子天皇論」としたのは願いである。
わしは年齢的に、愛子さまが天皇になられる様子を見ることはできない。日本国中がものすごい熱狂に包まれると想像するが、その頃わしはすでに寿命が尽きている。だから、せめて数年後に、愛子さまが皇太子になる姿を見たいと思う。そうなれば、未来の皇室の安泰は今の倍の確率になることが決定するからだ。

現状のまま、皇位継承が男系男子にしか許されず、しかも側室がなく正妻の子でなければならないという、日本の歴史上最狭の制度では早晩、皇室は消滅してしまう。

男系男子に限られたのは明治時代からであり、古代は男系も女系もない「双系制」だったのだから、皇室典範を改正して、愛子皇太子殿下の誕生を実現しなければならない。

愛子さまへの希望は、単なるミーハー心でも、ポピュリズムでもない。皇位継承は直系が一番自然だし、歴史上、8人10代の女性天皇がいらっしゃるのだから、愛子さまほどの聡明さと特別なオーラを放つ女性が、天皇になれないなんて、あってはならない。

皇祖神は天照大神（女神）だし、日本で最初に「天皇」を名乗ったのは推古天皇（女帝）だし、天皇号を法的に定めたのは持統天皇（女帝）、日本という国名を定めたのも持統天皇だ。

古代律令制において、大宝・養老「継嗣令《けいしりょう》」に見られる「女帝子亦同」（女帝の子もまた同じ＝女帝の子も親王になれる）とする記述は、母が帝位にあることで、その父系帰属主義に則った皇位の継承に変更を加えたものである。

古代では、女帝の子も男帝の子と区別なく、皇位継承者になれると律令に明記されていた。そして この規定は、明治の皇室典範が制定されるまで12 00年近くもの間、有効だったのだ。

古代日本の双系的（双方的）親族組織論を唱えた吉田孝氏をはじめ、明石一紀氏、義江明子氏といった歴史学者の研究により、学界では「双方制」はもはや通説的な位置を占めるに至っている。

そもそも男系固執派が唯一持ち出す代案が「旧宮家系の一般国民」の皇族入りだが、超ナンセンスで実現不可能な愚策なのだ。

それは、法の下の平等を謳った憲法第14条で禁止されている「門地による差別」に当たり、明確な憲法違反になると、東大と京大の権威ある憲法学者が否定しており、さらに元内閣法制局の長官も同じ認識だ。

なぜ「門地による差別」を禁じる憲法規定があるかというと、日本国憲法では「平等原則」が貫かれているからだ。国民の間に差別はなく、旧宮家などという階級は存在しない。しかも旧宮家はもはや70代以上しかいなくて、その下は生まれたときから一般国民である。

唯一、平等原則の例外が皇室なのだ。

愛子さまがご誕生になって20年以上経っても皇位継承問題が先送りされたままなのは、男尊女卑の男系派があまりに膨大な珍説・妄説・デマ・間違った知識を拡散して、それを政治家までが信じてしまったことに原因がある。本書ではそれらの妄説を駆除することに力を注いだ。

米国・ニューヨークの地下鉄の秩序が乱れていたのは、落書きのせいだった。乗客たちが結束して、地下鉄の落書きを消去したら、秩序が回復して安全になったという。

本書がまず皇位継承を巡る環境を大掃除して、愛子皇太子、ゆくゆくは愛子天皇に繋がる契機となることを祈る。

小林よしのり

ゴーマニズム宣言SPECIAL
愛子天皇論

目次

構成
岸端みな［よしりん企画］
作画
広井英雄・岡田征司・宇都聡一・時浦 兼［よしりん企画］
編集
山﨑 元［扶桑社］
ブックデザイン
鈴木成一デザイン室

ゴーマニズム宣言
SPECIAL
愛子天皇論
第1章
直系よしりん
vs男野系子

愛子さまは男系でしょ？
でも結婚して子を産んだらその子は女系になるのよ。
ダメよ〜〜。女系なんて！あり得ない！
公園
あっ、男系女人衆が井戸端会議してる。
女のくせに天皇の男系固執を唱える…名誉男性だわ。
皇統は例外なく男系で継承されてきたって、安倍元総理も言ってたわ。

「名誉男性」とは、男尊女卑の価値観に迎合し、男性に媚を売ることで他の女性よりも有利な扱いを受ける女性のこと。人種差別制度下における「名誉白人」と同様の存在。本当の「名誉」や「尊厳」というものがわかっていたら決してなれない、不名誉で卑俗な女性。そんな人がいたら、みんなで白い目で見てやりましょう。

男系固執派は自分たちが「伝統」を知っていると思っている。だが、実は彼らは「伝統とは何か？」も知らないし、シナの男系主義に影響された不完全な継承システムを日本の「伝統」と勘違いしているだけなのだ。

「パルム」とは、わしが好きなアイスクリームである。夏は「ガリガリ君」を食べるが、冬はパルムを食べる。ハーゲンダッツはくどいから飽きてしまった。

ひと〜っ、該当者がいない旧宮家系〜〜〜！
ふた〜っ、養子を受け入れる皇族がいない〜〜〜！
シュルルルル…
み〜っつ、門地による差別で…
憲法違反になるっつうのよ〜〜〜！
みなぼんパルムは買ったか？
やけに遅いから迎えに来たぞ。
よしりん先生…
げっ小林よしのり！
コロナワクチンの接種券を破り捨ててユーチューブにBANされまくった伝説の男！
直系《ちょっけい》よしりんと呼んでくれ！
コロナには3回罹ったが、ワクチンは1回も打ってない。
直系よしりん？
漢《おとこ》の中の漢《おとこ》が女系も容認するの？

一度プーチン・ロシアを支持しちゃった者は、死んでも誤りを認めない。一度コロナを煽り、ワクチンを推奨しちゃった者も、死んでも誤りを認めない。世の中「謝ったら死ぬ病」だらけ！この病と無縁の者だけが自由に思想し、進化し続けられる！進化できる人の必読ブログマガジン「小林よしのりライジング」配信中!!

未だにコロナを怖がりPCR検査＆マスク社会の日本。愛子さまは成人になられたのに、皇統問題は膠着状態。陰謀論に騙され「どっちもどっち」とロシアの味方をする平和ボケっぷり。政権の内部までカルト宗教に食い込まれていた衝撃の事実…2022年はドツボだった!?公論イベントの動画アーカイブを見て、ぜひ今年を総括しましょう♪

歴代の天皇で、側室から生まれたのは、約半数だ。
側室がいたから天皇は続いてきた！
側室なき天皇で男しかダメなんて、絶対に続かない！
側室なんて無理よ。
女をバカにしてる。
民主的じゃないわ！
おぬしらは側室復活派か？
ほお〜〜〜っ ほっほっほ…
側室は伝統じゃないってか!?
やっぱり民主的な夫婦関係、つまり男女平等が好きなんだな？
ぎくっ…
皇室はこのままじゃ悠仁さま一人になるが、おぬしらは、どうしたいのだ？
旧宮家の血筋の男系男子をお迎えすれば、万事解決！
旧宮家系の男系男子、オマエたちは会って気持ちを聞いたのか？

聞きたい。
見てみたい。
でも噂だけ。見たことも、会ったこともない！
けど男系固執派は信じてるの！
その方はいつか降臨なさると！
信仰か～～。カルトね～～。
私は皇室の運命を未確認人物に賭けるのはイヤ！
愛子さまの将来が中ぶらりんのままでかわいそう。
明治天皇の女系の玄孫《やしゃご》が「いる」と言ってるからいるの！
そうかなぁ？日本国民としての基本的人権を捨てて、不自由な皇室に入りたがる人っているの？
子供のうちに、皇族の養子にすればいいのよ。
統一協会のあっせん養子みたい。
なに～～～～？
いや、統一協会よりひどい！
国民の権利と自由を失うのだから、
本人の同意と覚悟がなきゃ絶対ダメだろう。

たとえ「我こそは皇族になってもいい」という男子がいたとしても、そのプランは無理じゃ！
なんでよ〜〜〜？
門地による差別は憲法で禁止されている！
なにそれ？
モンチッチ？
やっぱり男系固執派って、「門地」という言葉すら知らないのね。
猿と思ってる！
ごーまんかましてよかですか？
男系固執派は憲法を知らない！
門地による差別をモンチッチの差別と思っているのだ！
よしりん！門地とは何かをあいつらに教えてやって！
猿なんか差別していいわよ
じゃ何よ〜〜？

ゴーマニズム宣言SPECIAL
愛子天皇論

第2章

門地による差別って何？

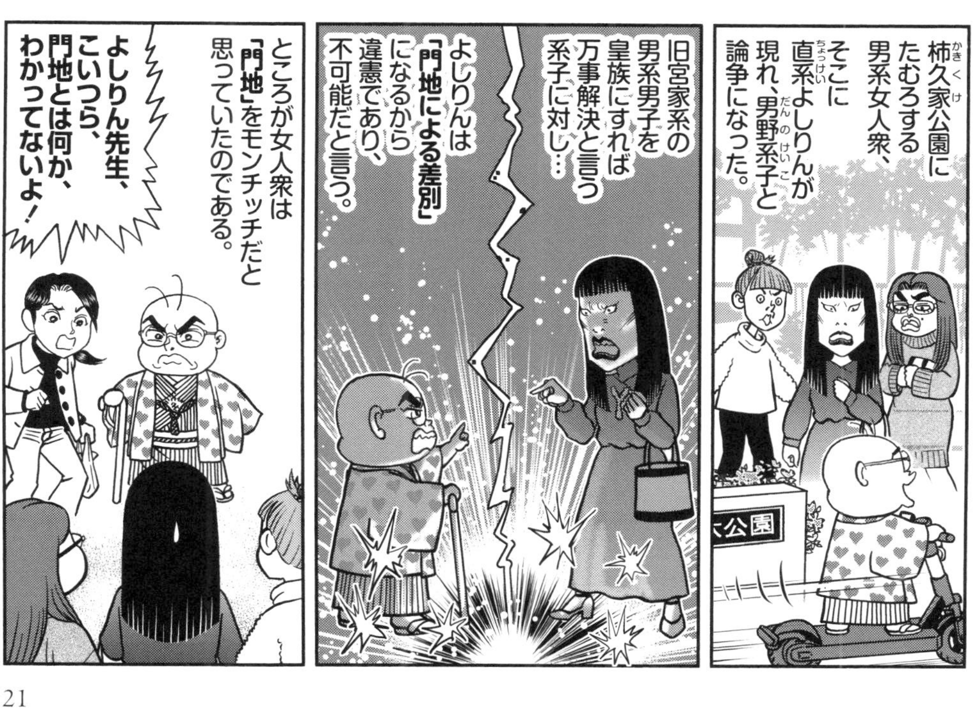
柿久家《かきくけ》公園にたむろする男系女人衆、
そこに直系《ちょっけい》よしりんが現れ、男野系子《だんのけいこ》と論争になった。
旧宮家系の男系男子を皇族にすれば万事解決と言う系子に対し…
よしりんは「門地による差別」になるから違憲であり、不可能だと言う。
ところが女人衆は「門地」をモンチッチだと思っていたのである。
よしりん先生、こいつら、門地とは何か、わかってないよ！

系子さん、マウント取られちゃダメ！
ギロンはマウント取ったほうが勝ちなんだから。
ふん、門地がモンチッチじゃないならば、
当然一つの答えに帰結する。
そう、もうおわかりでしょう。
あれね？
あれよ。
私の口から言うのはあまりに簡単すぎてはばかられる。
アンタたち、言ってごらん。
モ・ン・チ・ロチョウ！
やった——っ、フルボッコちゃん！
フルボッコ♪フルボッコ♪
バ…バカの度合いがスゴすぎる…
門地は蝶々のことか？
わははは
あーっははははは
きゃーっ
ははは
モンチロチョ〜〜〜

男系派は、旧宮家の血を引く男児をものごころがつく前に親から引き離して宮家の養子に入れればいいとか、成人して結婚していたら夫婦ごと、子供がいたら一家丸ごと養子にすればいいとか本気で言っている。当事者の意志など無視、人を将棋の駒みたいに動かせて、皇室を変えられると思っているのだ。狂っている!!

ち…違うでしょ、アンタたち〜〜っ。
私はモンチロなんて言ってないよ〜〜っ!
フルバッカ!フルバッカ!
門地は家柄のこと!
日本には貴族や華族はいないし、特権的な家柄はない!
日本人には「天皇・皇族」と「国民」しかいないのだ!
たとえ皇族として生まれても、一度、民間に下ったら、完全に一般国民になる!
ふん、国民は平等ってことよね…けれども旧宮家なら…
旧宮家も国民!
我々と同じ完全な一般国民!
そんな…
完全なってことはないでしょ???
旧宮家系に男系男子がいたとしても、皇族との婚姻を介さないで、男子が皇室に入ることはできない!

政府が三顧の礼で皇室に迎えれば、旧宮家系の国民男子は、基本的人権なんかほっぽらかして皇族になるなんて言ってた驚異的な馬鹿がいたが、政治家までがそれを信じたってことが天下の奇観だ。

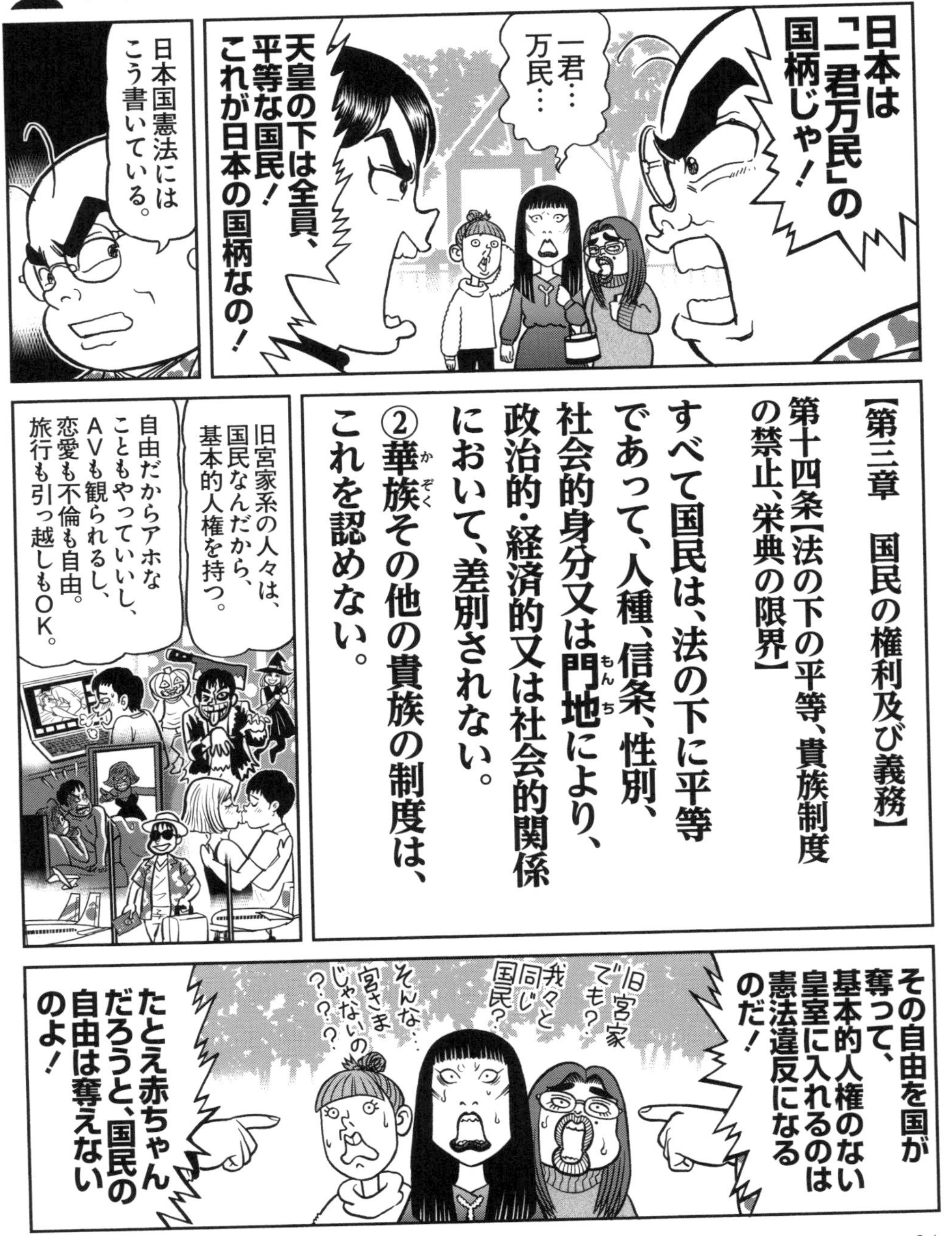

日本は「一君万民」の国柄じゃ！
一君…万民…
天皇の下は全員、平等な国民！これが日本の国柄なの！
日本国憲法にはこう書いている。
【第三章　国民の権利及び義務】
第十四条【法の下の平等、貴族制度の禁止、栄典の限界】
すべて国民は、法の下に平等であって、人種、信条、性別、社会的身分又は門地《もんち》により、政治的・経済的又は社会的関係において、差別されない。
②華族《かぞく》その他の貴族の制度は、これを認めない。
旧宮家系の人々は、国民なんだから、基本的人権を持つ。
自由だからアホなこともやっていいし、AVも観られるし、恋愛も不倫も自由。旅行も引っ越しもOK。
その自由を国が奪って、基本的人権のない皇室に入れるのは憲法違反になるのだ！
旧宮家でも？
我々と同じ国民？
そんな…宮さまじゃないの？？？？
たとえ赤ちゃんだろうと、国民の自由は奪えないのよ！

そもそも男系派の政治家は、「憲法」とは権力を縛る「命令書」であって、国民にではなく、天皇や、国会議員その他公務員に遵守義務があるということすら知らない。憲法なんか解釈次第でどうにでもなる空文だとしか思っていない。「立憲主義とは何か?」を根本から知らないのだ。近代国家に住む資格なんかない!

ひと〜〜っ、皇族になりたがる
男子なんていない旧宮家〜〜〜♪
ふた〜〜っ、養子を受けいれる皇族なんていな〜〜い♪
み〜〜っつ、旧宮家系の皇籍取得は憲法違反〜〜〜♪
けんぽーいはんは違憲こと〜〜〜♪
ええ〜〜〜い、政治家は誰も「門地による差別」なんか気にしちゃいないわ!
有識者会議がそうだったじゃない!
やったーっ、フルボッコちゃん!
我々は憲法なんか知ら〜〜ん!
男系保守の論客にも、憲法学者が何人もいるけど、憲法14条なんて、誰も気づいてないわ!
そーよ、そーよ、誰も憲法なんか知りません!
やったーっ、フルボッコちゃん!
それはてめーたちがバカだからだ!
なに〜〜〜?
トッキー!
男系カルト撲滅
よしりん企画のデータベーストッキー?
この男が…

令和の魔太郎と言われるトッキーは呪詛の念で論破すると言われる。
こわい～～っ。
夕食の買い物帰りに、狂った主張を耳にしたもんで…
男系カルト撲
よしりん先生、こいつら軽く呪い殺しましょうか？
いやいや、それほどの価値はない。
おやおやおや…あんたの所じゃ男が食事つくってるの？
みなぼんがいるじゃない!?
あははははフェミだ。フェミだ。
フェミの職場だ～～っ！
うるさい！ウチは女が料理という男尊女卑じゃないの！
そりゃダメだ。伝統を大切にしなきゃ！
男は外で仕事、女は家庭で子育てや料理、
専業主婦が日本の伝統よ！
そうよ。伝統、伝統！
やだぁ～
男を台所に立たせるなんて日本の伝統を汚してるわ！
伝統を知らぬ者皇室を語る資格なし！
トッキー、何とかしてこいつら～～。

時代を変えた歴史的著作『新ゴーマニズム宣言SPECIAL戦争論』は、今年で刊行25周年！ ブログマガジン「小林よしのりライジング」では、この本の凄さの分析から、見直しが必要になった部分の指摘まで、あらゆる面からの自己再評価を行います。思想のアップデートのための意欲的試み、ぜひご覧ください！

専業主婦は日本の伝統ではない！
1950年代に、テレビが普及して、欧米の家庭像をマネたものだ。
戦後の高度経済成長と、サラリーマン化、核家族化が進んで、ほんの一時期、専業主婦で食っていけたが、伝統ではない！
男系カルト撲滅
あうっ…
統一協会と自民党が「伝統的家族」で、共闘してたのは何だったの？
江戸時代は子供を含めて大家族で働いていた。
日本の保守派が言う「伝統的家族」って、単なる自分のノスタルジー。実にくだらない思い込みだ。
男系固執派って、憲法知らない！歴史知らない！伝統知らない！ですからね。
わははははは
カルト撲滅
あーはははは
系子さん、私たち、フルボッコちゃんになってない？
でも旧宮家はいざというときに皇室を助ける家柄よ！
勝手に他人にプレッシャーを与えなさんな！
自由と人権を捨てたがる国民なんていない！

旧宮家系の者たちは自由じゃ！
我々と同じ一般国民なんじゃから！
違う！
何が違うと言うのよ？
血統が違う！
そうよ、そうよ、血統が違うじゃん。
うひょ
Y染色体の方々なのよ〜〜〜っ！
くくくく…
血統が違うだと〜〜〜？
Y染色体だと〜〜〜？
ごーまんかましてよかですか？
オマエらはすでに旧宮家系を「準皇族」だと思い込んでるな〜〜〜〜〜。

ゴーマニズム宣言SPECIAL
愛子天皇論
第3章
血統が違う？

旧宮家系の者たちは一般国民だ。人権もあるし、自由も保障されている。
我々と同じ平等な一般国民なんじゃから！
違う！血統が違う！
血統か…みじめだな、血統を誇るなんて。
自分の人格や個性が人より劣っているから血統しかないと自白している。

なに〜〜〜っ？
天皇制はそもそも血統だわよ！
血統をバカにするなんて朝敵だ――――！
そうよ そうよ
やったー、フルボッコちゃん！
それは違う。天皇は血統に甘んじていない！
幼い頃から身につけた教養が深くて、
「私」より「公」を優位にする帝王学も天皇陛下の振る舞いから学び、
品位も人格も磨かれている！
自ら血統を誇るのは浅ましい。
そして天皇を血統でしか評価できない男系カルトこそが天皇を侮辱している！
あうっ…
天皇を血統でしか評価できない
なるほど。男系派は天皇を血統でしか評価できない！

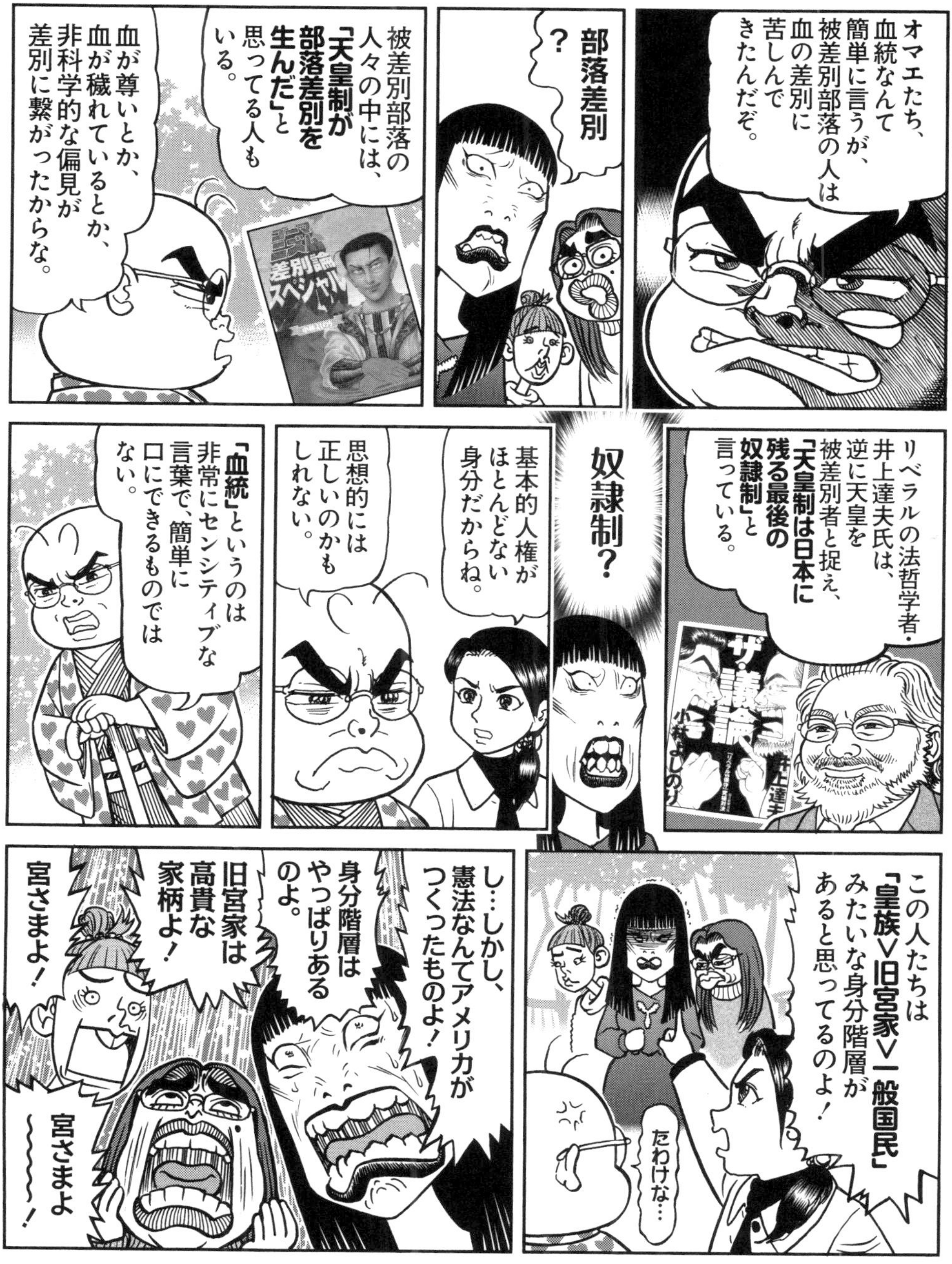

オマエたち、血統なんて簡単に言うが、被差別部落の人は血の差別に苦しんできたんだぞ。
部落差別？
被差別部落の人々の中には、「天皇制が部落差別を生んだ」と思ってる人もいる。
血が尊いとか、血が穢れているとか、非科学的な偏見が差別に繋がったからな。
差別論スペシャル
リベラルの法哲学者・井上達夫氏は、逆に天皇を被差別者と捉え、「天皇制は日本に残る最後の奴隷制」と言っている。
奴隷制？
基本的人権がほとんどない身分だからね。
思想的には正しいのかもしれない。
「血統」というのは非常にセンシティブな言葉で、簡単に口にできるものではない。
この人たちは「皇族＞旧宮家＞一般国民」みたいな身分階層があると思ってるのよ！
たわけな…
し…しかし、憲法なんてアメリカがつくったものよ！
身分階層はやっぱりあるのよ。
旧宮家は高貴な家柄よ！
宮さまよ！
宮さまよ〜〜〜！

高貴な家柄ですって〜〜？
オマエたちは「皇族になってもいい」というその高貴な男系男子を一人でも知っているのか？
知らんけど
見たことないけど！
いるというウワサだけど！
左翼の妨害を避けるため今のところ名乗るのは控えてらっしゃるのでは？知らんけど。
竹内久美子
@takeuchikumiffy
いらっしゃいますが、左翼の妨害を避けるため今のところ名乗るのは控えてらっしゃるのでは？知らんけど。
なんという無責任な…
UMA（未確認動物）だな。イエティ（雪男）とも、ビッグフットとも言うが、いるかいないかは未来永劫、謎のままだ。
ロマンね！
ロマンで信じてるのね！
こいつらカルトです。
軽く呪い殺しましょうか？
軽く呪っちゃダメって！
男系カルト撲滅

旧宮家は、神武天皇の男系の血を継いでいるのよ。
二千年にわたる血よ！
旧宮家は男系なら600年も遡らないと天皇に繋がらないのに！
もう笑ってしまうほど遠すぎる血統じゃん。
「旧宮家」は男系では北朝第三代・崇光天皇の皇子・栄仁親王にしかつながらない
ふふふ…神武天皇に連なる男系男子なんかゴロゴロいるぞ。
ええっ？バカなっ…
ゴロゴロなんているわけないじゃん！
じゃあ、オマエたちの知人に、山田さんはいないか？木田さんはどうだ？
小島、村上、夏目、手塚、飯沼、依田、多田、小国、山懸、清水、田尻、浅野、土岐、船木、石川、佐竹、武田、小笠原、秋山、南部、里見、新田、大舘、今川、畠山、細川、
この中に誰か知ってる人、いないか？
山田さんならパート先に…
細川さんならご近所に…

いま挙げたのは全部「源氏」の苗字だ。
源氏は神武天皇から数えて第56代の清和天皇から出ている！
ええっ!?
この苗字を持つ男性は神武天皇に連なる男系男子の可能性があるのだよ。
まさか、そげんこと…？
ほんとでゲチか？
ウソでゲチョ〜〜？
ゲチ？
ゲチだとも！
どこの言葉使ってるの〜〜〜？
じゃあ、村岡、三浦、畠山、相馬、梶原、北条、名越、金沢、伊勢、杉原、和田、千葉…
この中にオマエらの知人はいないのか？
私は千葉麗子よ。つまり夫が千葉！
なんなの？この女の夫は何者なの？
いまのは「平氏」の苗字。
平氏は神武天皇の直系50代である桓武天皇から出ている！

この苗字も
神武天皇に連なる
男系男子かも
しれない。
ええ〜っ
ウチの
夫が？
ヤバいよ！
アンタの夫は
Y染色体
持ってる！
私、今夜
セックスする！
そーしな
さい！
私、皇族に
なっちゃう
〜〜っ。
お別れね。
皇居に
行くのね。
ほんとで
ゲチか
〜〜〜？
この苗字の話は、
歴史学者の
平泉澄《きよし》が
『少年日本史』の
冒頭で書いている。
少年日本史
平泉澄
平泉澄の弟子が
歴史学の泰斗《たいと》・田中卓《たかし》氏で、
わしは田中氏から直接
話を聞いた。
愛子さまが将来の
天皇になるべきだし、
女系天皇も
公認するのが、
日本本来のあり方だ。
田中氏ははっきり
断言しておられた。
GS
愛子さまが将来の
天皇陛下では
いけませんか
田中卓
だ…だれよ
それ？
学者の
意見より
ネットの
意見よっ！
では、こんな話は
どうだ？
誰でも親は２人。
祖父母は４人。
その一代前は８人、
16人、32人…と
倍々に増えていくから…
男系カルト撲滅

一代を約30年とすれば、二千年は66代で、二千年遡った祖先の数は73786976294838206464人になり、
日本人全員、親戚！
全員皇室に繋がっている!!
…という話になる。
男系カルト撲滅
ジャーナリストの大宅壮一はこれを踏まえて「一億総天皇家」と言っている。
ウ…ウソだっ。旧宮家系しか男系はいないはずっ！
ネットのうわさと違う。
私たちは本なんか読まないから知らない話ばっかり〜〜。
ごーまんかましてよかですか？
神武天皇に繋がる男系男子なら旧宮家より
もっと今上天皇に近い人物が日本中にゴロゴロいる！
え〜〜い、帰る、帰る。夕食の支度に間に合わない。
愛子天皇はクーデターよ。共産党のインボーだわ。
愛子天皇になったら内戦よ〜〜っ！
やれやれよくこんなバカ男系に政治家は騙されてるな。

ゴーマニズム宣言
SPECIAL
愛子天皇論
第4章
男系集結の固執亭

都内某所にある料亭「固執亭」に、政界に繋がる男系論客たちが集結していた。
固執亭
彼らが野に放った隠密《おんみつ》・男野系子が市井の様子を報告していた。
直系よしりんとばったり会って、一戦、交えたということですか？

あなたほどの名誉男性が、直系よしりんに勝てなかったとはね。
女系《じょけい》乃《の》夜叉吾《やしゃご》
旧宮家系の皇室入りは憲法違反だから、そもそも無理だと！
男《だん》野《の》系子《けいこ》
門地による差別で違憲か。憲法14条なんか問題ないと軽く見ていた。
東大・京大の憲法学者が揃って違憲と判断したとは！
山羊《やぎ》秀次《ひでつぐ》
日本国憲法　第十四条
【法の下の平等、貴族制の禁止、栄典の限界】
すべて国民は、法の下に平等であつて、人種、信条、性別、社会的身分又は門地により、政治的、経済的又は社会的関係において、差別されない。
② 華族その他の貴族の制度は、これを認めない。
宍戸《ししど》常寿《じょうじ》・東京大学大学院教授は、①国民一般から皇族でない皇統に属する男系男子を別扱いすること、②その中からさらに旧宮家系だけ別扱いすることの二重の差別を指摘している。この「門地による差別」に該当する限り、旧宮家系の皇籍取得は一発アウトになる！

この作品はノンフィクションではない。固執亭という店も、登場人物も、名前も、各人のセリフも、すべて架空である。そもそもわしは丸ハゲではない。わかるね？

憲法が何よ！憲法よりY染色体よ。
しょせんGHQがつくった憲法じゃない！
猥《わい》染《せん》色《しょく》怠《たい》子《こ》
引き延ばししなさいな。
愛子さまが結婚して民間に下るまで。
そうなればもうあとは悠仁さましかいない。
そのとき、旧宮家から5人くらい男子を皇室に入れればいいでしょ。
逆《さか》羅《ら》穢《え》よしこ
譲位を「特例法」でやっちゃったんだから、旧宮家系の皇族入りも「特例法」でやれんのか？
14条に縛られたら旧宮家系案がそもそも無理になる。
赤《あか》山《やま》時《し》化《け》春《はる》
「特例法」は皇室典範だからやれたけど、憲法とは違うので…
もちろん私も男系固執は曲げませんが。
ふふ…この国は9条がありながら自衛隊だって持ってるんだから。
女性天皇はいいけど、女系天皇はダメなんです。
愛子さまは天皇になれるけど、その子は女系だからダメってことです。
高《たか》市《いち》姐《さ》奴《なえ》

この人たち、全員、憲法とは何かを知らない。基礎教養が欠如しているのだ。政治家までが憲法を知らないのだから、日本は法治国家ではない。

その通り！Y染色体がすべてです！
日本の皇統の伝統・ルールはY染色体よ！
そうね。日本は法治国家ではない。
男系がルールの国だから！
Y染色体は私が言い出したんだっ！
朝ナマで。
私が学説っぽく力説したから、流行ったのよ！
男野系子さん、次はY染色体で戦えばいい。
あなた得意なんでしょ？
承知しました！
勇気をいただきました！
直系よしりんは、日本はシナ男系主義を取り入れようとしたけれども、不徹底にならざるを得なかった、8人10代も女性天皇がいる、
すでに古代日本では卑弥呼・壱与などの女王がいたし、皇祖神は天照大神であり、男系・女系にこだわる文化はなかったと言ってます。
よしりんは強敵だわ。

男野さんには、我々の男系固執論のすべてを教育した。
あなたは男系拡散のための最強隠密です！
直系派に負けることは許されない！
はは〜っ御意《ぎょい》のとおり〜〜〜〜！
さあ、行きなさい、男野系子！
堂々と、Y染色体を高々と掲げて！
Yだもの 神武天皇のYだもの 染色体だけが人だから
わいだみつお

ひと～っ、自由を捨て、皇族になってもいいという…
旧宮家系の男なんかいな～～い！
ふた～っ、旧宮家系の男子を…
養子にする皇族なんかいな～～い！
み～っつ、門地による差別で憲法違反♪
旧宮家系の皇室侵入は一発アウトのココロ～～♪
よしりん先生、無防備にふらふら出歩かないでください。
男系派に襲撃されたらどうするの？
わしはVXガスに勝った人間じゃけん。
暗殺免疫の軍事訓練ができとるよ。
よしりん先生は老いて衰えた脚力を鍛えるため散歩するって言ったのに、電動キックボードは何なの!?
散歩する場所を探してるんじゃや。

わしは元気の
あるうちに、
愛子さまが
皇太子になる
姿を見たい。
そもそも愛子さまが
天皇になるまで、
よしりん先生が
生きていられる
保証はないものね？
そうだ！
わしは不死身
ではない！
せめて愛子さまが
皇太子になれば、
輝ける日本の
未来を夢見られる。
愛子皇太子誕生の
段階で、日本は
大フィーバーになる！
そうはいかない
わよ。
よしりん！
勝手に夢見て
老いぼれていく
がいいわ！

いい意味で男系派って「ならず者エセ保守」だな。立憲主義を無視して、男尊女卑を保守する「ならず者」のエセ保守ということだ。

愛子さまの子供は神武天皇のY染色体を持たなーーーい！
あれ？おかしい。
こっちの人以前の女と違う！
千葉さんは旧宮家じゃなくても、夫にY染色体がある可能性を知って、妊活にはげみ出したわ。
この人は新メンバー、隙田水脈《すきたみお》よ。
男野系子くん、今日はいい意味で女を感じないな。
ええっ？どーゆうこと？
いい意味で、Y染色体に似ている。
ええっ!?
そうかしら？
いい意味で、名誉男性の目鼻立ちをしている。
やだっ、なんでほめるの？
ごーまんかましてよかですか？
男系派の女は、いい意味で、男社会に媚び売ってしか生きられないいい女だよな。いい意味で！
いい意味いい意味って…
ほめ殺しにはひっかからないわよ〜〜っ！

ゴーマニズム宣言
SPECIAL
愛子天皇論
第5章
女の血は穢れか?

近所で聞き込みをしたら、男野系子は昔は英語ペラペラでCAになりたかったらしいですね。
ほーお。CAってスチュワーデスのことやろ?
CAはやっぱり女がいいね。
男が寄って来ると攻撃されるかと思って警戒する。

ボーヴォワールを読んでも、女性にとって生理というものが男性にコンプレックスを抱く要因になることがわかる。「血の穢れ」なんて八つ墓村みたいな偏見を叩き潰さなければならない。

男野系子はホレた男が右寄りな考えで、女性の自立に否定的。
系子は日本を賛美する国粋主義に目覚め、男に依存してしまい、結婚した。
専業主婦で娘を育てたが、大学を卒業したら、娘はなんとCAになってしまった。
その娘を世間に自慢する夫に不信感を抱き、系子はますます愛国主婦になった。
男系の皇統
維持する
旧宮家の皇籍復帰を!
男系継承の重み
男系と男系男子は違う
位継承旧宮家の復活を
そしてネトウヨ論客の動画にハマって、自己洗脳を強め、男系固執主義になった。
「天皇は2千年の歴史を一度の例外もなく、男系で継承された。それが日本の伝統だ」と言われると、日本の真髄を知った気になり…
男に依存した自分の人生を肯定できるように思えた。
これで良かったのよ。女の血は穢《けが》れなんだから。
生理が重く、女性の血の穢れに嫌悪感を抱いていた系子は、女は男を補佐する立場と思い、
女の血を肯定する女系天皇なんて、絶対認められなかった。

わしだって親から教えられた「風呂は男が先に入るもの」という男尊女卑の観念に縛られていた。今は「風呂は女が先に入って湯を柔らかくしておくもの」と考えている。だって最初は熱いんだもん。

女性天皇は「中継ぎ」だったという説は、最新の学説で完全に否定されている！いずれ説明するが、これをまだ言っている男系固執派は本を読む習慣がないのだろうし、勉強せずに知ったかぶりしてる馬鹿に過ぎない。

バカバカしい。推古天皇、皇極天皇、持統天皇ら過去の8人の女性天皇は、祭祀ができなかったの？
推古天皇
皇極天皇 斉明天皇
元明天皇
元正天皇
持統天皇
孝謙天皇 称徳天皇
明正天皇
後桜町天皇
祭祀に対する幻想が膨らみすぎているんだ。
とてつもない重要な仕事だと思われている。
天皇は死ぬまで祭祀だけをやっていればいい、と言った自称保守言論人もいましたからね。
暴言だな。人格無視がはなはだしい。
女性天皇が生理中だった場合は、祭祀は代理の者がやってもいいし、別の日にやってもいいんだ。
そもそも祭祀というもの自体が増えたり無くなったりしているし、歴代の天皇は祭祀より、仏教を熱心に行っていた事実もある。
明治天皇も大正天皇も祭祀をあまり重要視していない。
病気や高齢を理由に欠席している。
生理が穢れだから女性天皇がダメだなんて、狂ってる！
男尊女卑がタリバン並みだ。
女性天皇が生理中なら、祭祀は代理を出す。
あるいは日を改める、で何が悪い？

男系派が最重要と思い込む祭祀の中でも、もっとも古くて、重要な大嘗祭（新嘗祭）を初めて行ったのは、持統天皇！女帝である！
天皇の活動で祭祀は案外、融通無碍なのだ。
いざとなれば生理日くらいピルでずらせます。
オリンピック選手はそうしてるじゃん。
日本人は「世間」をルールにして生きるから「個」がない。
一人の男系カルトがバカなことを言ったら、自称保守の「世間」は「個人」で勉強もせず、自分の頭で考えず、全員同じことを言う。
だから3年に及ぶコロナ禍も、日本では「法」の力でなく、「世間」の同調圧力とマスク警察が自粛ルールを浸透させてしまった。
世界ではとっくに「個人」の判断でマスクを外し、個人、個人の判断で感染対策をやめて、コロナ禍を終わらせたが、日本人だけはマスクを外せなかった。

三浦瑠麗がなぜあんなに「セレブでござい」な生活をできるのか不思議でならなかったが、なんだ、そういうことだったのか〜。三浦瑠麗にヘンな発言が多いことを認識しながらも、それでも将来に期待して『コロナ論3』の対談などに起用したよしりんは今どう考える？ webマガジン「小林よしのりライジング」で全て語る！

よしりん！男野系子さんが、今日はスゴい武器を持って来たわよ！
ほ～～お、何かな？
科学よ！
皇統をついに科学で説明したの！
科学で～～～？
あり得ない。それは無理じゃ。
のへっ…のへへへへ～～～っ…
Y染色体・男系天皇説を披露してあげるわ！
ありがたーーい！
あのYの話をまた聞けるのね！
まさか染色体の話か？
それは言わんほうがいいっ！

中学生の理科で習った通り、女の染色体は「XX」！
XX
女
XY
男
男の染色体は「XY」！
キターーーー！
科学に触れた！
皇統のカギは、神武天皇のY染色体です！
それな！それな！
ズバリ、核心を突いたーー！
こんな住宅街の一角にある公園で、皇統の真理を披露しちゃっていいんですか？系子さーーーーん！
一段、高い場所でお聞かせください。
反日勢力をフルボッコちゃんしてくださーい！
ごーまんかましてよかですか？
あれが気の毒な女ですか？
かわいそ〜〜に〜〜っ
日本女性がここまで精神をこじらせるとはの〜〜〜〜〜お…

ゴーマニズム宣言SPECIAL 愛子天皇論

第6章 Y染色体は飛脚の屋号である

皇統の核心を科学で明らかにしたのは猥染色怠子《わいせんしょくたいこ》さま。
それを完全に会得したのが私・男野系子よ！
神武天皇のY染色体を継承する者にだけ天皇の資格がある。
Y
女はXX染色体しかないから、女から女に継いだら女系になる。
女系になったら日本は終了します！
終了って何？日本沈没するのかな？

なるほろ〜〜っ。
これが科学か〜〜〜♡
のへっ…
古代からず〜っとY染色体が天皇になってきたわけよ。
ふ〜〜ん、不思議よね。古代人はなぜY染色体なんか知ってたの？
じゃ、かつて存在した8人10代の女性天皇は？
推古天皇
皇極天皇 斉明天皇
元明天皇
元正天皇
持統天皇
孝謙天皇 称徳天皇
明正天皇
後桜町天皇
それは「中継ぎ」よ！
中継ぎでしかない！
そうよ、たかが「中継ぎ」じゃん！
科学って明快だわ〜〜♡
女性天皇はXX染色体しか持たないから、その子供は天皇にはなれない！
XX
愛子さまが結婚して子供を産んだら、その子は女系になるから皇族の方ではない。
上皇
上皇后
天皇
皇后
未来の夫
愛子さま（男系女子）
その子（女系）
愛子天皇は絶対阻止しなきゃ！
聞いた？まさにこれが科学の手触りよ〜〜っ！
のへっ…
男野さん、直系よしりんをフルボッコちゃんにしちゃった——っ！

元明天皇
元正天皇
母
娘
元明天皇から元正天皇は、母から娘への継承なのに。
Y染色体なら、わしも持っている。
男なら誰でもY染色体を持ってるぞ！
それは中継ぎから中継ぎよ！
??
なに？
ウソだ――。誰でも持ってるはずないじゃん。
Y染色体持ってたら神武天皇の子孫ってことになるのよっ!?
神武天皇のYと、わしのY、何が違う？
色とか…
形とか…
ニオイとか…
味とか？
バカもの！Y染色体に個性はない！

これまで数多くの言論人・政治家に期待をかけ、信用して、結局は「騙された」という形になってしまったよしりん。三浦瑠麗もその一例。「小林よしのりは何故人に騙されるのか?」webマガジン小林よしのりライジングで追究! よしりん個人に関するここまでの「深掘り」が読めるのは「ライジング」だけ!

神武天皇だろうと、わしだろうとホームレスだろうと酔っぱらいオヤジだろうと、Y染色体は同じじゃい!
え〜〜〜っ 高貴な方のYと下賤《げせん》な奴のYは違うはず。
神武天皇のY染色体には印《しるし》があるはず!
「神」とか書いてあるはず!
書いてない! これがY染色体じゃ!
ぶ…不気味…
不気味じゃない! 男しか持たない性染色体Yは父から息子へ純粋に受け継がれ、男から男へ!
つまり男系で繋げている限り、そのままの状態を保ち続けます。
ふふふふふふ…
だが、わしの知人の生物学者・福岡伸一氏は、「Y染色体は『飛脚の屋号』にすぎない」と言っているぞ。

福岡伸一!?
あの有名な…
福岡伸一氏は一流の生物学者。青山学院大学教授、ロックフェラー大学客員教授、分子生物学を専攻。
『生物と無生物のあいだ』は、ロングセラーになった。
生物と無生物のあいだ
福岡伸一
読み始めたら止まらない極上の科学ミステリー
生命とは何か?
よしもとばなな氏
最相葉月氏
茂木健一郎氏
え? それだれ?
あんたたち、無知だから知らないだろうけど、猥染色恴子はあくまでも研究者であり、学者じゃない。
じえじえ〜〜〜〜?
福岡ハカセによると、「Y染色体の『垂直』継承だけでなく、『水平』拡散も考慮する必要がある」そうだ。
つまり神武天皇のY染色体を受け継いだ男子皇族たちの子孫は多くの異性と接し、何千何万の規模で拡散していった。
それは現代日本人の中に相当な数、存在する。
神武天皇
大宅壮一氏も「一億総天皇家」と言ってますからね。
つまりY染色体とは崇めたり、ありがたがったりするものではない。
Y染色体とは、遺伝子の運び屋として運命づけられた男性の「飛脚の屋号」のようなもの、と福岡ハカセは言う。

飛脚の屋号!?
御用
Y染色体が運んできた大きな積荷(ヒトゲノム全体)のほうが大事なのです!
しかも積み荷は常にシャッフリングされるべく運命づけられているのであり、そこに男系・女系の区別は無意味です!
絶句
これが本物の科学ね。
じゃ、猥染色怠子さんの学説は何!?
それは学説じゃない。トンデモってやつ!
と…トンデモ!?
おのれ〜〜〜!猥染色怠子〜〜〜っ。
私にトンデモを教えたのね〜〜〜っ!

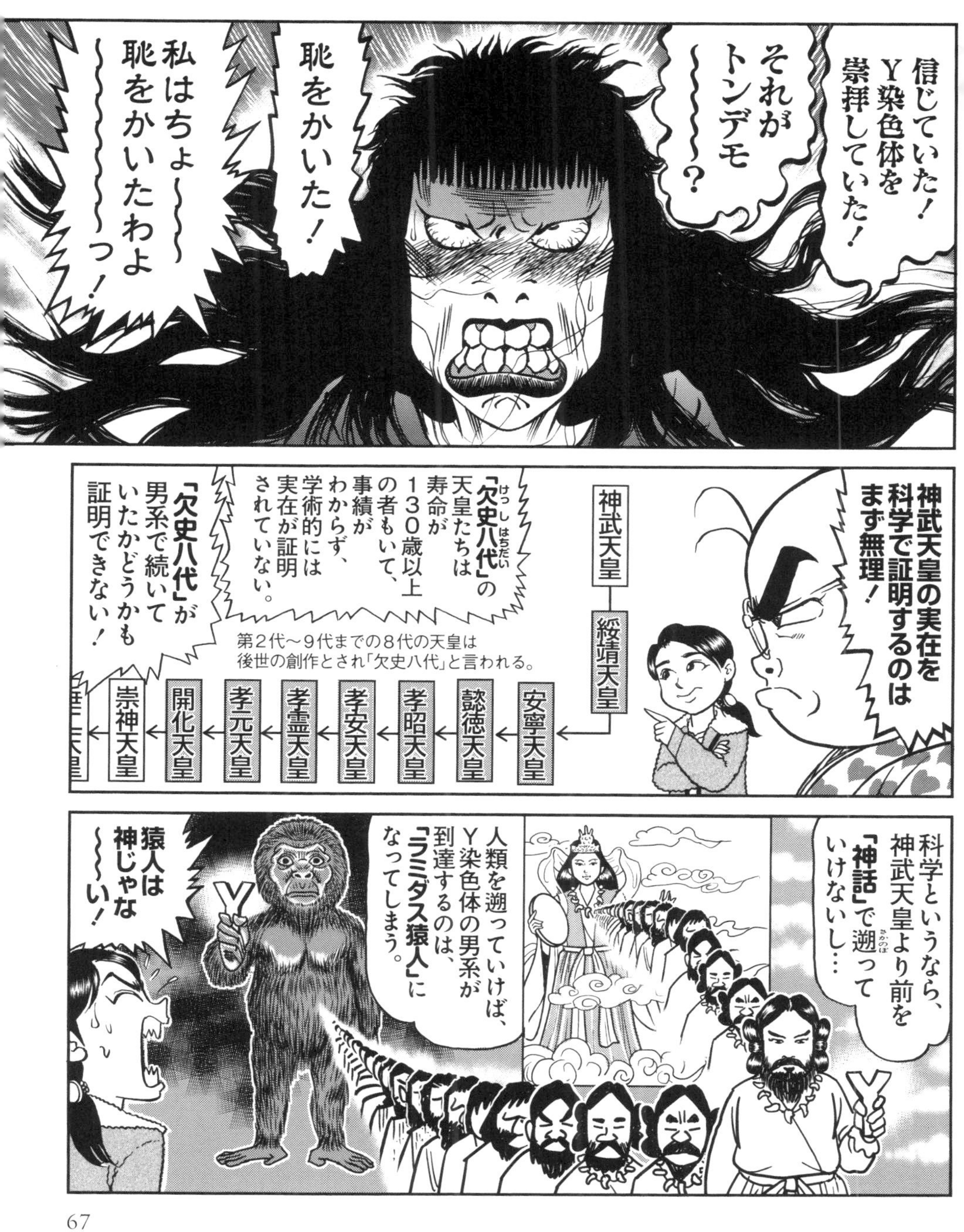

信じていた!Y染色体を崇拝していた!
それがトンデモ〜〜〜?
恥をかいた!
私はちょ〜〜〜恥をかいたわよ〜〜〜〜〜っ!
神武天皇の実在を科学で証明するのはまず無理!
神武天皇
綏靖天皇
安寧天皇
懿徳天皇
孝昭天皇
孝安天皇
孝霊天皇
孝元天皇
開化天皇
崇神天皇
「欠史八代《けっしはちだい》」の天皇たちは寿命が130歳以上の者もいて、事績がわからず、学術的には実在が証明されていない。
第2代〜9代までの8代の天皇は後世の創作とされ「欠史八代」と言われる。
「欠史八代」が男系で続いていたかどうかも証明できない!
科学というなら、神武天皇より前を「神話」で遡《さかのぼ》っていけないし…
人類を遡っていけば、Y染色体の男系が到達するのは、「ラミダス猿人」になってしまう。
猿人は神じゃな〜〜い!

「シラス」は天皇が国民のことを、よく「お知りになって治める」ことです。反対語は「ウシハク」で、力ずくで従えさせることです。

そもそも天皇は科学ではない。神話に根拠がある！
天皇はY染色体という「飛脚の屋号」で神武天皇やラミダス猿人に行き着くからすごいのではない！
神々が祖先だからすごいのだ！
天皇は、あくまでも天照大神を皇祖神として、この女神の命令で、天神家がこの地上を治める(シラス)ことになったというファンタジーで成り立っている！
ごーまんかましてよかですか？
Y染色体はトンデモであり、科学ではない！
Y染色体は不敬である！
おのれ猥染色怠子〜〜っ！
これほどの恥をかかせるとは〜〜
固執亭の男系派集会で追放してやる〜〜〜〜っ！
え〜〜〜ん、私たち、フルボッコちゃん、された〜〜〜
よしりん先生、あの連中、大丈夫ですかね？
わしはカルトから解放してあげただけ。

ゴーマニズム宣言
SPECIAL
愛子天皇論
第7章
紛糾！
固執亭の怪奇

固執亭
何なの
Y染色体って。
トンデモじゃ
ないの
――っ!?
ペシッ・・・

ト…トンデモなんてトンデモないこと言うのはトンデモない侮辱だわ〜〜〜〜!
猥《わい》染《せん》色《しょく》怠《たい》子《こ》
福岡伸一がY染色体は「飛脚の屋号」みたいなものと言ったんでしょ?
なんでそれを?
あの公園の街灯に監視カメラをつけた。
直系よしりんが現れると聞いて。
赤山《あかやま》時《し》化《け》春《はる》
だからあなたとのY染色体対決も、みんなで見させてもらったわ。
高《たか》市《いち》姐《さ》奴《なえ》
福岡伸一は一流の学者だから、Y染色体はもう敗北ね。
…
逆《さか》羅《ら》穢《え》よしこ
なんでよ!Y染色体を否定するのは、皇統と日本国を滅ぼす勢力よーーー!
見苦しいな。
アンタが一番最初に朝ナマでY染色体を話したくせに?
山羊《やぎ》秀《ひで》次《つぐ》
失敗しました。
てへぺろ。

そんなこと言うなら、
「門地による差別」は
憲法違反ということを、
なんで見逃していたのよ、
憲法学者のくせに！
めんぼくない。
てへぺろ。
その件は
GHQが
皇室を潰す
ために入れた
条項だから、
憲法改正すれば
いいと言って、
ごまかせばいい！
女系乃夜叉吾《じょけいのやしゃご》
無茶苦茶
だな。
なんだその
言い草は！
きさま、
女系派か？
仲間割れは
やめなさい！
そうね。
仲間割れは
反日勢力を
利する。
でも、
この人だけは
追放して！
ええっ!?

そこまで言うなよ。
猥染色怠子氏は旧宮家系のために多くの国民を騙してくれたんだから。
私は恥をかいたのよ！
焦るな。旧宮家系で男系を存続させる方法はまだある！
Yさま……。
なによ？
愛子天皇が誕生したら、「易姓《えきせい》革命」になるという脅しだ！
易姓革命とは？
シナでは、前王朝を武力で倒したら「姓」を「易《か》」える。「楊」(隋)→「李」(唐)のように。なかには別民族の統治もあり、「元」に至ってはモンゴル人である。男系派は女系を認めると、結婚相手の「氏」に王朝が替わると度外れたバカを言っている。無知がすごい！
いずれわかりやす〜〜く説明するから。
なるほど。易姓革命を封じるために、憲法なんか無視しろと！
国会議員としては憲法無視はマズいんだけど。
それはそうだが、革命を防ぐためなら、超法規的措置でやるしかない！

直系よしりんが歌う男系派にとっての「三大障壁の歌」。これのたった1個の障壁も、男系派は乗り越えられない。

週刊誌ではついにコロナワクチン薬害を報じ始めたが、テレビ・新聞は相変わらず完全無視！しかも週刊誌にも、先行するライバル誌への「逆張り」で「ワクチン危険説には根拠がない」と主張するものがある始末。だがもう隠せる状態ではない！ブログマガジン小林よしのりライジングは、最新情報を随時お届けしています！

男野系子さん、論争はあなたに任すからね。
了解です。易姓革命阻止ですね。
固執亭
あなたは家政婦ですか？
ぎくっ！
覗き方が「家政婦は見た！」です。
出た！直系よしりんだわ！
奥さま、大丈夫でございますか？
歴代天皇の半分は側室からのお生まれです。
側室なき男系固執では、皇統の安定的継承は不可能でございますが？
すっかり家政婦のよしりんですか～～？

奥さま本気なんですか？
本気で旧宮家系の一般国民男子を皇族にできるとお考えで？
彼らを「準皇族」と勘違いなさってませんか？
彼らは完全な一般国民でございますよ！
旧宮家系は100%、我々と同じただの国民でございます。
「一君万民」それが日本の国柄でございましょう。
憲法14条で「門地による差別」を禁じられておりますわよ。奥さまご存知ですか？
奥さま大丈夫ですか？
奥さまご存知ないのでは？
奥さま本気なんですか？
奥さま狂ってございませんか？

固執亭のメンバーは固定しない。少しずつ、メンバーチェンジしていきたい。

直系よしりん、あなたが女系を容認するのは、「男女平等」という戦後民主主義のイデオロギーの影響じゃないの？
このアマめ！オマエのような女ごときが、たかがメスの分際《ぶんざい》で男さまのわしに対してマウントとるとは許さん！
わしは男さまだ！ひざまずけ———っ！
なに〜〜っ！セクハラだ———っ！
ごーまんかましてよかですか？
な〜〜んだ。やっぱりセクハラって言うのか〜〜〜っ。
け〜〜っ
けけけけ
「男女平等」が脳髄まで浸み込んでるじゃないか〜〜〜っ！
そろそろ顔を全部出しなさ〜〜い！

ゴーマニズム宣言
SPECIAL
愛子天皇論
第8章
易姓革命という虚言
前編

固執亭の会議を終え、出てきた男系固執派の幹部たちの前に、直系よしりんが現れた。
「家政婦は見た！」として。
奥さま本気なんですか？
旧宮家は100%、ただの国民でございますよ。
ご存知なんですか？
顔を出しなさい！
イライラするわ。

ひょっこりはーーん！
すぺ〜〜
ひょっこりはん？
みなさん、去ってください！
ここは私が相手します！
頼むわ。不気味すぎる。
待ちんしゃ〜〜い！
愛子さまを皇太子に〜〜〜っ！
ひと〜〜つ、皇族になってもいいと言う男系男子なんかいな〜〜い♪
ふた〜〜つ、皇族は誰も養子なんか欲しくな〜〜い♪
み〜〜っつ、旧宮家系を皇族にするなんて、「門地による差別」に当たり、憲法違反で一発アウト〜〜〜♪

旧宮家系の一般国民男子に皇籍取得させるプランは「憲法14条に違反、つまり憲法違反」という意味が分かっていない根源的馬鹿がいる。そのような秀才バカボンにも分かるように近く描いてあげねばなるまいな。

秘書みなぼん、よしりんをいつもの公園につれてきて！
ええっ!?
杖
サンク
ちらっ
監視カメラだな…
な…何やってんの？男野さん？
いいところに来たわ、あんたたち。
今から「易姓《えきせい》革命」でよしりんをフルボッコにしてやるところ───っ！
易姓革命!? なんて硬派な男系理論を〜〜〜っ？
本気でつぶすつもりね〜〜〜!?
のへっ…知ってるかな？
女系天皇が誕生したら、別王朝になるのよ！
別王朝、キタ──！
それって革命が起こるってことでしょ？
今の日本が何王朝で、それが何王朝になるというのだ？
のへ〜っ、知らないいな。
愛子さまが天皇になって、山田さんと結婚したら、「山田王朝」、
鈴木さんと結婚したら、「鈴木王朝」になるのよ！
山田

くくく…
それはシナの「易姓革命」を100万%間違って解釈したざれごとだ。
なにを〜〜〜?
ひゃ…100万%!?
シナの歴史は、「易姓革命」による「王朝交替」の歴史じゃ。
三千年前に殷《いん》王朝が革命で滅亡して、周王朝ができ、
その後、秦、前漢と後漢、そして隋、唐、宋、元、明、清…等々、
多くの王朝が大陸を支配しては崩壊していった。
清
明
唐
隋
殷
元
秦
宋
周
前漢
後漢
すべての王朝は皇帝以下、同じ「姓」を持つ一族がつくった。
劉
李
例えば漢は劉《りゅう》氏一族の王朝。
唐は李氏一族の王朝。
王朝と共に王朝一族の姓も易《か》わるのでこれを「易姓革命」という。
男系派は究極のバカだから、シナの易姓革命と…
日本の、結婚したら「姓」が替わる制度をまったく共通点がないのに混同しているのだ！
これは男系派が完全なるバカの証拠なのよ！
バカは説明してもわからないからバカなのだが、バカにも人権がある。
バカにていねいに説明していこう。
なんという失礼な言葉…

バカにはわからない
その1！
日本の「姓」と
シナの「姓」はまったく違う。
シナの「姓」は特定の父を祖先とする「宗族」という血縁集団の名で、一つの例外もなく男系で継承され、結婚しても替わらない。
朱由校
朱翊鈞
だから中国では今も「夫婦別姓」である。
これは「男女同権」だからではない。
その真逆で、尊いのは男系の血筋だけで、そこに女なんか絶対に入れられないという、男尊女卑の制度なのだ。
一方、日本で現在普通にいう「姓」とは「苗字」のことで、単なるファミリーネームである。
鈴木
同じ血族に連なる親戚でも、姓（苗字）が違うことは普通にあり、結婚すれば姓が替わる。
こんなことはシナではありえない。
アンタたち、わかる？
わ…わかるわいっ！
バカにはわからない
その2！
天皇に「姓」はない！
もともと日本に「姓」はなかったが、古代にシナ文明を取り入れたとき、律令などと共に「姓」の制度も入ってきた。
だが、日本はシナ文明をそのままでは採用しなかった。

厚労省が「3月13日からマスク着用は個人の判断が基本となります」と広報してるが、これはペテン！3月12日までだって、個人の判断だったのだ！ワクチン薬害も隠蔽しようとデマばっかり流し続ける厚労省！ブログマガジン小林よしのりライジングは、厚労デマ省のペテンを見逃さず随時告発中!!

シナでは皇帝にも姓があり、それが別の姓の者に取って代わられるから「易姓革命」という。
李
楊
ところが日本では「姓は天皇が臣下に与えるもの」として、天皇自身は姓を持たなかった。
そのため、姓がない天皇の地位を、姓を持つ者が奪うのはあり得ないこととされ、日本で易姓革命は起こりようがないものとなったのだ！
ええ〜〜〜？
驚いたってことは、けっこうわかってるみたい。
あんたたち、バカじゃないかもしれないよ。
バカにはわからないその3！現代日本に「姓」の制度はない。
しかも日本流にアレンジして取り入れた「姓」は早々に形骸化し、
上級武士や公家などが朝廷に差し出す文書など特に公式な場以外では、ほとんど「苗字」しか使われなくなった。
名字 通称 氏 姓 諱
織田《おだ》三郎《さぶろう》平《たいらの》朝臣《あそん》信長《のぶなが》
名字 通称 氏 姓 諱
徳川《とくがわ》次郎三郎《じろうさぶろう》源《みなもとの》朝臣《あそん》家康《いえやす》

そして1871年（明治4年）、姓の制度は公式に廃止された。
廃止されたの？
姓は廃止か…ははは…
頑張れ！バカじゃないかもよ！
いま日本でいう「姓」とはただの「苗字」のことであり、
「易姓革命」という場合の「姓」は、もう150年以上前から日本には存在しない！
だから「易姓革命」は起こるわけがなく、王朝交替などあり得ないのだ！
!!
ありえへんの？
バカにはわからないその4！民間人が皇室に入れば苗字はなくなる。
徳仁《なるひと》
雅子《まさこ》
さらに言えば、天皇や皇族には「苗字」もない。
そういえばそうね。苗字がない。
姓もない！苗字もない！それが天皇ねっ！
民間人が皇族と結婚して、皇室に入れば、その人の名は戸籍から抹消され、「皇統譜《こうとうふ》」という帳簿に記されて、苗字はなくなる。
そういうことだったのか！
ヤバいね、系子さん…
おおっ、利口化している。

皇后陛下が、ご結婚前の苗字「小和田」を名乗ることはなく、
それと同様に、愛子さまが皇太子になられて、結婚すれば、夫が皇室に入って苗字がなくなるだけである。
みんな、聞くな――！
耳をふさげ――っ！
ええ〜〜〜〜っ
な…なるほろ〜
ひえ〜〜〜〜〜っ！
悪魔《サタン》の言葉よ！悪魔の言葉を聞いたら、地獄に落ちるわ〜〜〜！
ごーまんかましてよかですか？
とじこもった！これが男系固執派よ！
真実を知る勇気がないのよ。
いやだ〜〜〜っ
まだ「バカにはわからないその5！」が残っとるよ〜〜〜。

ゴーマニズム宣言SPECIAL
愛子天皇論
第8章
易姓革命という虚言
後編

統一協会の元信者に聞いたのだが、マインドコントロールが解けるときは、「プライド」の薄皮一枚で抵抗していて、それが破れたら一気に覚醒するらしい。
この手をどかしなさい！
ちゃんと聞きなさい。
イヤだ〜〜〜っ
私の知識は「皇統は男系」しかないのに、聞いてたまるか〜〜っ！
もしもしトッキー、こいつら聞こうとしないの！
加勢して——っ！

バカにはわからない
その5！
「婿入り」すら
知らない男系派。
民間でも婿入りすれば、男が女の苗字に替わるのは当たり前。
苗字のない皇室に婿入りすれば男の苗字がなくなるのは当然じゃろう！
山田太郎
それなのに、なぜ愛子さまが皇太子となって、山田さんが婿入りした場合には、愛子さまが「山田愛子」になると思う奴がいるのか？
脳が「液性革命」起こしてドロドロになったのか？
男の苗字は女の苗字より強いと思ってるのよ。
脳が「液性革命」よっ！
つまり、男系派は婿入りすら頭に浮かばないのだ。
それほど男尊女卑が脳髄の芯まで達している！
結婚したら、必ず女が男の苗字になると思っている。
そのうえさらに「姓」と「苗字」を混同して、易姓革命が起こって「王朝交替」になると言うのだから、手がつけられない。
脳が「液性革命」じゃ〜〜〜っ！
そもそもシナの「王朝交替」は、「天命思想」というものに基づいている。

儒教の世界観では、「天」という唯一神のような全知全能の存在が、この世のすべてを支配している。
「天下」と呼ばれる人間世界も「天」が支配しているが、「天」は自らの意思を直接には示さない。
「天」は人間の誰かを「天」の子＝「天子」として選び、天下を治めよと「天命」を下し、
その「天子」が皇帝となり、
同じ姓を持つ一族で王朝を立てる。
こうして「天」は間接的に天下を支配していると考えられた。
「天命」はその子孫にも受け継がれていくが、王朝が腐敗して天下が乱れたら、「天」は容赦なく「天命」を取り上げ、別の姓の人物に「天命」を下す。
そして新たに「天子」となった者は、旧王朝を滅ぼして自分の姓の一族によって新たな王朝を立てる。
これが「易姓革命」である。
実際は、王朝の失政によって乱世となった結果、誰かが反乱を起こし、旧王朝を倒して新王朝を立てたわけだが、
理論の上では「天」から「天命」を受けたという「天命思想」によって、革命は正当化された。

絶対的存在である「天」の意思ということになっているから、前王朝への攻撃は一切容赦のない、残酷極まりないものになる。
虐殺に次ぐ虐殺、前王朝に連なる者は一族皆殺しで、おびただしい血の海の中から、新王朝が成立する。シナではそれが繰り返されてきたのだ。
日本人が易姓革命なんて想像できるはずがない。和の精神で、どっぷりぬるま湯に浸かってきたのだから。
監視カメラで見ている男系固執派の幹部しょくん！
「易姓革命」だの、「別王朝」だの、くだらないデマは通用しないとわかったかな？
男野系子らの洗脳を解いてやれ！
かわいそうじゃないか！

ウクライナ戦争で「どっちもどっち論」を言った者は、まだ誰も反省していない。新型コロナを過剰に煽ってワクチンを推奨した者も、まだ誰も反省していない。男系絶対を唱えた者も、誰も反省しないだろう。ブログマガジン小林よしのりライジングは、絶対に逃げ得を許さない！どこまでも追及し、記録に残し続けます!!

そもそも天皇は、「天」から「そなたが天皇になるがよい」なんて「天命」を受けたのではない。
天照大神の子孫だから天皇なのだ！
そして、日本人には…
おおーーっ、天から天命が下った！自分が今の天皇に取って代わるべきだ！
なんて思う者などいない！
そんな奴がいたら、狂人と思われます。
軽く呪い殺していっさい無にしてエッサイムーーー
だから日本では「易姓革命」も「王朝交替」も起こりようがない！
それが起こると思っているのは、脳が「液性革命」した男系派だけですよーーーっ！
うわははははははは…

旧宮家系・一般国民男子の皇籍取得は、憲法14条の「門地による差別」に当たり、憲法違反で一発アウト！
これはどうにもならん。旧宮家派は最初から出口が塞がれた主張をしていたのだ。

最後にヨーロッパの「王朝交替」についても触れておく。
イギリスでエリザベス女王が崩御《ほうぎょ》し、息子のチャールズ3世が国王となった。
言うまでもなくこれは女系継承であり、チャールズは女系国王である。
しかし、これによって「王朝交替」が起きたなどと思っている者は、世界のどこにもいない。
男系であれ、女系であれ、世襲であれば王朝は継続していると見なされる。
逆に「男系」の血筋が繋がっていても、血縁が遠ければ王朝交替となる。
フランスではカペー朝からヴァロワ朝へ、
さらにブルボン朝へと王朝が交替したが…
この三つの王朝は「男系」の血筋は繋がっているが…
傍系継承で血縁が遠いために「王朝交替」と見なされている。

岸田首相が皇位継承問題の国会での議論を検討すると発表した。いよいよ直系よしりん待望の「愛子皇太子」誕生の扉が開かれる。

日本のいわゆる「旧宮家」系の人というのは、現在の天皇と男系で血統が繋がっているといっても、血縁では20世以上も離れている傍系中の傍系である。
「旧宮家」は男系では北朝第三代・崇光天皇の皇子・栄仁親王にしかつながらない。
つまりヨーロッパの基準からすれば、もし「旧宮家」系の男系男子が即位したら、それこそが「王朝交替」になるのだ。
日本人の庶民感覚からしても、天皇陛下のお子さまである愛子さまが即位されれば、皇統が続いたと素直に思えるはずだ!
だが、国民の中から20世も血縁の離れた者が現れて、それが即位なんてことになったら、これまでとはまったく違う皇室(?)が始まると思うだろうし、それこそが「王朝交替」と受けとめられるだろう。
ごーまんかましてよかですか?
易姓革命も、王朝交替もシナ文明だからこそ起こること!
日本では絶対に起こらない!
男系派は少しは勉強しなさい!
シナの常識より日本の常識だ!

ゴーマニズム宣言SPECIAL
愛子天皇論
第10章
男野系子のリアルな反撃

喫茶 Danke
男野系子さん、しばらく見ないわね？
やっぱり直系よしりんに負けてばかりで、落ち込んでるんじゃない？
あの人、そんなヤワな人じゃないよ。必ず復活する。
でも女性誌だって、最近、愛子さまに好意的な話題が増えてきたし、
素直に喜べない私って、なんか寂しい…。
文武両道
最強女帝の再来
短編小説と論文
専門は中世の日本文学

私、男女平等なんて永遠に実現しないと思うし、
LGBTなんて生産性がないから見るのも嫌なの。
水脈さんてマジの差別主義者ね。
なんでそうなっちゃったの？
私、フェミどもが嫌いなの。
このスタンスのほうが、男が評価してくれるし。
私は、愛子さまにときめいたら、夫からバカにされるし、
ネトウヨだから、旧宮家を皇族より尊敬してるのよね。
何しろ男系派には、統一協会がまじってるからさ。
韓国文化は儒教が下地にあるから、男尊女卑でうらやましい。
彼らも男系派だから共闘できるよね。
ええっ…統一協会？
それ知って何ともない？
別に。雑誌『Hanada』も統一協会、大好きじゃん。
そんなとき「男系が伝統」と言われたら、めちゃカンタンで納得しちゃうのよね。
くくっ…アホくさ。
統一協会とタッグ組んだ保守なんて国家の恥よ。
伝統と因習の区別もつかないで…
私たち、女だから「伝統」という言葉に弱いのよ。
「伝統とは何か？」と聞かれたら、答えられない人が多いじゃん。
それが大和撫子よ。
ギィィ……

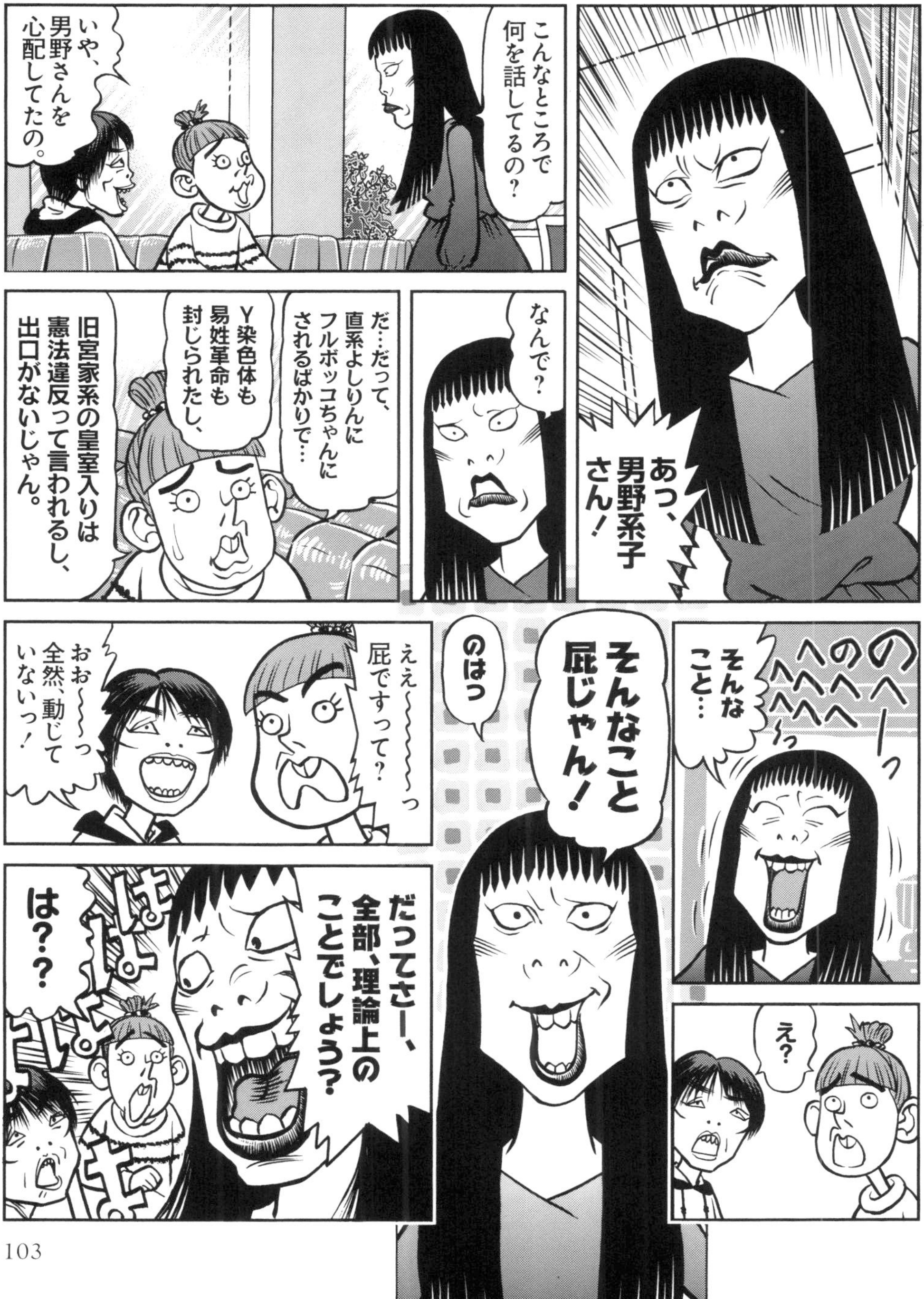
あっ、男野系子さん！
こんなところで何を話してるの？
いや、男野さんを心配してたの。
なんで？
だ…だって、直系よしりんにフルボッコちゃんにされるばかりで…
Y染色体も易姓革命も封じられたし、
旧宮家系の皇室入りは憲法違反って言われるし、出口がないじゃん。
のへーっ
へのへへへへへへへ〜っ
そんなこと…
そんなこと屁じゃん！
のはっ
ええ〜〜〜〜〜っ
屁ですって？
おお〜〜〜っ
全然、動じていないっ！
え？
だってさー、全部、理論上のことでしょう？
は？？

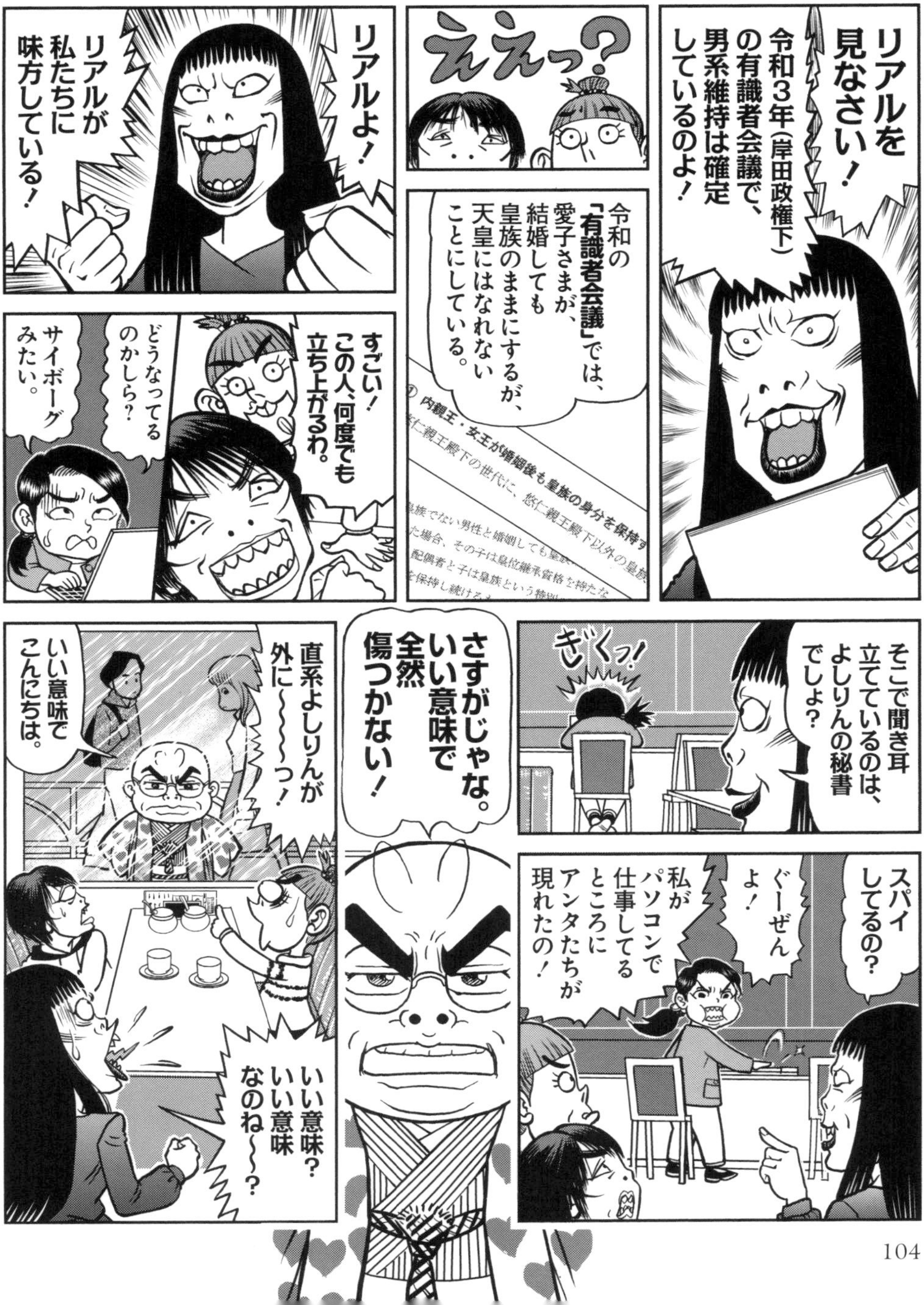
リアルを見なさい！
令和3年（岸田政権下）の有識者会議で、男系維持は確定しているのよ！
ええっ？
リアルよ！
リアルが私たちに味方している！
令和の「有識者会議」では、愛子さまが、結婚しても皇族のままにするが、天皇にはなれないことにしている。
内親王・女王が婚姻後も皇族の身分を保持す
すごい！この人、何度でも立ち上がるわ。
どうなってるのかしら？
サイボーグみたい。
そこで聞き耳立てているのは、よしりんの秘書でしょ？
ぎくっ！
スパイしてるの？
ぐーぜんよ！
私がパソコンで仕事してるところにアンタたちが現れたの！
さすがじゃな。いい意味で全然傷つかない！
直系よしりんが外に〜〜〜っ！
いい意味でこんにちは。
いい意味？いい意味なのね〜〜？

週刊女性、女性セブン、週刊新潮に立て続けに奇妙な記事が載った。愛子さまが「旧宮家系」の賀陽家の子息と交際しているというのだ。しかしどこにも確たる根拠がなく、明らかに根も葉もないデマ記事！こんな手口にすがるしかない男系固執派断末魔の叫び！ブログマガジン「小林よしのりライジング」も追及の手を緩めません!!

いい意味で強情っぱり！タフな女だ男野系子！
なんでほめるの？
いい意味で反省しない！ポジティブ思考のみの頑固女！
いい意味で進歩なし！
いい意味で脳が固形物と化している。
いい意味で男の血に屈服するマゾ体質！
ほめないで〜っ！たとえ、いい意味でそうだとしても、ほめられたらスキができる。
そこを狙われて今まで私は負けてきた〜〜っ。
その敗因の分析、まったく違うと思う。
スキができただけ！
そう。油断しただけ——っ！
直系よしりん、今日はリアルに話したいの！
まざまざとリアルに!!
わし、リアルに話してきたんだがな。

何としても愛子皇太子の実現を阻止しようとしているのは、「男系固執ネトウヨ＆統一協会」のタッグ・カルトである。これ、忘れてはいけない。旧宮家系の皇籍取得を言っているのは、「男系固執ネトウヨ＆統一協会」である。

これ、政府の有識者会議の最終報告書よ！
この中に、悠仁さままでの皇位継承の流れはゆるがせにしてはならないと明記してある！
これがリアルよ！
お――――っ！
愛子天皇は否定されてる！
すごい――――っ！
あっ…
すごい。勉強してる。
のへっ
それな…困ったものだ。
困った!?
直系よしりんが困っただって～～～～！
困ったということは降参ということ？
そうよ。困ったら土下座するしかない。
そんなはずないでしょ～～っ！
皇位継承問題に関する政府有識者会議の報告書は二つある。
知ってるわよ！めちゃ知ってるわ！
それがなにか～～～？

一つは小泉政権のときの2005年（平成17年）の報告書。
皇室典範に関する有識者会議
報告書
もう一つは、そっちの岸田政権に出された2021年（令和3年）の困った報告書だ！
報告
そうよ。これはアンタが困り果てて、土下座するしかないほうの報告書よーーーーっ！
この二つの報告書のレベルは雲泥《うんでい》の差！月とスッポン！
それは義務教育を終えた国民が読み比べてみれば、一目瞭然だ！
よしりん先生、この人たち、ツイッター以上の長い文は読めません！
まして文章を読み比べるなんて絶対無理！
国語力さえあれば平成の報告書は緻密で論理的なのに対し…
令和の報告書はスッカスカでろくに考えもせず書いていることは、読んだ印象だけでもわかるのだがな〜〜。
勝手な印象操作しないでよ！
小泉政権のやつは読む気もしないわ！
小泉政権の平成の報告書は、冒頭に「問題の所在」という項目があり、
「現在の皇室の構成では、早晩、皇位継承資格者が不在となるおそれ」がありと書かれている。
うん、そうだね。

平成の報告書には、「将来にわたって安定的な皇位の継承を可能にするための制度を早急に構築することは、現在の我が国にとって避けて通ることのできない重要な課題である」と明記している。
うん！危機感と使命感がすごく伝わってくる。
ところが令和の報告書には、そんな項目はない。
どこに問題があるのかもわからずに書いている。
ひどいっ！
なんという無責任！
「皇位の安定継承」は、上皇陛下が、ビデオメッセージで言われたことよ！
象徴天皇の務めが常に途切れることなく、安定的に続いていくことをひとえに念じ・・・
ごーまんかましてよかですか？
平成の報告書より令和の報告書よ！愛子天皇を否定しているからね！
これがリアルよ——っ！
ん～困った。読めないいんじゃ仕方がない…
よしりん先生、やってみて！令和の報告書の欠陥を暴いて。わかりや～～すく。
う～～ん…文章が読めない人にか、難題だな～～～っ。

ゴーマニズム宣言
SPECIAL
愛子天皇論
第11章
平成と令和・有識者会議

喫茶店の内と外で議論する者たちの異様さに、ほかの客が抗議して、店長から退出の要求があった。
喫茶
Danke
旧宮家は一般国民ー
皇族じゃないのよ～ん
直系よしりんと男野系子らは、柿久家公園に移動した。
そもそも、この令和の有識者会議報告書は、上皇陛下が、退位なさる際の「特例法」の「附帯決議」に基づいて作成されたものだ。
報告
令和3年12月22日
「天皇の退位等に関する皇室典範特例法
に対する附帯決議」に関する有識者会

その報告書では、愛子さまは天皇になれない。
だから直系よしりんは困り果てた。そうよね？
困れ、困れーーっ！
フルボッコちゃんだーーっ。
この有識者会議は、「安定的な皇位継承を確保するための諸課題、女性宮家の創設等について」検討するための会議だったはず！
ところがこの報告書は、本題に入るや否や、なんと「皇位継承の問題と切り離して、皇族数の確保を図ることが喫緊の課題であります」と、勝手に課題を書き換えている！
は、まずは、皇位継承の問題と切り離
して、皇族数の確保を図ることが喫緊
の課題であります。これについては、
そして、「皇位継承の問題」とは関係のない「皇族数の確保」の策だけを書いているのである！
避けてるわ！安定的皇位継承の議論を避けてる！
それが上皇さまや天皇陛下の願いなのに！
こうして令和の報告書は、課題である皇位継承問題とは関係ない、ただ公務等をする皇族の「頭数」を確保する方法だけをムダに書き連ねている。
ムダにって何よ！失礼でしょうがっ！
しかもその方法というのが荒唐無稽、トンデモそのものなのだ！

その第一は、女性皇族が結婚後も「皇族」の身分を保持するというものだ。
ところが皇族の身分は保持するが、皇位継承権はない。
愛子さま
佳子さま
彬子さま
瑶子さま
承子さま
はあああ？？
やった———っ！
それどころか、夫や子供は皇族にならず、一般国民のままにするというのだ！
夫
息子
娘
そんなバカな！
それのどこがいけないのよ？
皇位継承の役には全然立たないうえに、
皇族と一般国民が一つの家庭をつくるなんて可能か？
国民
基本的人権あり
皇族
基本的人権なし
夫
妻
息子
娘
もしそうなれば、当然その夫には、一般国民の基本的人権や自由がすべて保障されるよね？
皇族の夫が、風俗通いをしようが、ギャンブル狂になろうが、暴露系ユーチューバーになろうがOKなのだ！
皇室の真実
そ…それはちょっとね…
ダメでしょうよ！

週刊誌で「愛子さまのお婿様候補は？」なんてヨタ記事が続出。「旧宮家」の子孫と結婚させたい男系固執派の妄想は論外だが、その他でも「名家」の出が前提になっているのは非常に危険！上皇陛下のご結婚以来、そこに「門地による差別」はない！ブログマガジン小林よしのりライジングは、邪悪なマスコミ・大衆を徹底監視中!!

夫や子供は、政治発言でも何でも、言論の自由で認められるし、
自分が政治家になることもできるし、
統一協会の信者になったり、
自ら新興宗教の教祖になることだってできるのだ！
皇族の夫
皇《きみ》夫《お》
中村
反対
そ…それはダメよ！
そうでしょ？
アンタたちだって、それは変だとわかるよね？
まだ常識があるからよ！
さらに「報告書」が記した策は、「旧宮家系」の男系男子を皇族の養子にする、あるいは直接、皇族にするというものなのだ！
旧宮家系
皇室
それはいいじゃない！
そう。それが素晴らしいのよ！
だが、旧宮家系は、「完全な一般国民」！皇族でも、準皇族でもない！
それを皇族にすることは、憲法14条で「門地による差別」に当たるとして、禁じられている！
憲法違反で一発アウトだ！
第一四条【法《ほう》の下の平《びょう》等《どう》、貴《き》族《ぞく》制《せい》度《ど》の禁《きん》止《し》、栄《えい》典《てん》の限《げん》界《かい》】す
べて国民は、法の下に平《びょう》等《どう》であつて、人《じん》種《しゅ》、信《しん》条《じょう》、性《せい》別《べつ》、
社《しゃ》会《かい》的《てき》身《み》分《ぶん》又は門《もん》地《ち》により、政治的、経済的又は社会的関係
において、差《さ》別《べつ》されない。
② 華《か》族《ぞく》その他の貴《き》族《ぞく》の制《せい》度《ど》は、これを認《みと》めない。
③ 栄《えい》誉《よ》、勲《くん》章《しょう》その他の栄《えい》典《てん》の授《じゅ》与《よ》は、いかなる特《とっ》権《けん》も伴《ともな》はな
い。栄典の授与は、現にこれを有し、又は将来これを受ける
その効《こう》力《りょく》を有する。

しゅ～～ん
憲法違反
憲法違反
憲法違反
憲法違反
この憲法学の見解をくつがえす理論は、まだ一個も出ていない！
そんなバカな…
旧宮家は国民じゃないよ～～。
イヤだ、イヤだ、旧宮家の皇族侵入は、憲法14条には当たらないよ～～～。
準皇族だよ～～。
…という駄々っ子の意見しかないのだ！
聞くな～～～っ！
聞きたくないことは聞くな～～～！
そもそもこんな会議など、開く必要もなかったのだ！
なぜなら、結論はとっくに平成の有識者会議が出していたのだから！
平成の有識者会議は小泉政権下で開かれたが、その準備は3代前の橋本龍太郎政権時に始められ、宮内庁書陵部の皇室史専門家が協力して、詳細な参考資料が作成された。
そして、小泉政権の有識者会議には毎回、宮内庁職員が同席。
もしも宮内官僚が異議を唱えれば、それは天皇陛下のご意思を受けたものであろうということで、会議のメンバーには少なからぬプレッシャーがあったという。

そうして作成された報告書の結論は、「女性・女系天皇を認めるべき」というものだった。
そして、「旧宮家系」の男系男子案は、一応検討はしているが、ほとんど門前払いという扱いだった。
こうして完成し、国会に提出される寸前だった報告書を、
秋篠宮妃紀子さまのご懐妊を口実に独断で握り潰したのが、当時の官房長官・安倍晋三だった。
紀子さまご懐妊
第3子 秋に
本当は男性皇族が一人増えても安定的皇位継承とはならず、悠仁さまのご誕生とは関係なく、この報告書に基づいて速やかに皇室典範の改正をしなければならなかったのに、安倍晋三にとっては、自分の岩盤支持層である男系固執派に媚《こ》びることのほうがずっと大事だったのである。
男
男
男
男
男
男
その後、民主党・野田佳彦政権下で不完全ながら女性宮家創設に動きかけていたのだが、これを潰したのも安倍晋三だった。
政権を奪還し、総理に返り咲いた安倍が真っ先にやったのが、女性宮家創設の白紙撤回だった。
そして、憲政史上、最長の安定政権を保ちながら、その間、皇位継承問題は1ミリも動かなかった。

男系カルトを徹底論破する公論戦士は本当に凄い！男系カルトの馬鹿発言を忽ち見抜いて、瞬時に論破していく。追い詰められた男系カルトはさらに馬鹿を晒していく。

そしてようやく、天皇陛下（現在の上皇陛下）の退位特例法の附帯決議で、安定的皇位継承について「速やかに」検討することとされたのだが、その後も自民党政権はズルズルと3年近くも引き延ばした末に、菅義偉内閣で新たな「有識者会議」を立ち上げた。
だが本当は、新たな有識者会議など必要なかったのだ。結論は平成の有識者会議で完全に出ていたのだから。
しかし自民党政権は、安倍政権から引き続き支持層となっている男系固執派の機嫌を損ねるのが恐く、平成の報告書を無視して、
ただただ、「先送りする」とする報告書を書かせるために御用学者を集めて、「有識者会議」を開くという茶番をやったのだ。
平成の有識者会議が、天皇陛下のご意向を最大に意識したのに対して、
令和の有識者会議が意識していたのは政権の顔色だけ。
天皇のことなど関心もなく、むしろバカにしきっていたと言っていいほどだ。
あ〜〜〜もう聞きたくない！
都合が悪い話は、聞くな！さすれば救われん！
帰っちゃうぞ！帰っていいのか〜〜〜っ!?
あああっ…これはベルト歌舞伎！

全く無意味だったのに、男系固執して旧宮家を叫んでいた者どもは、逆賊として実名を永遠に残したい。

議論が都合悪くて
イヤになったときに
巻いたベルトを
極限まで
しぼり上げて
見栄を切る！
イヤなものは
イヤでござる
〜〜〜っ！
これがベルト歌舞伎
だーーーっ！
認めるんだ！
令和の報告書
など紙クズだと！
カブいたって
ムダよ〜〜っ。
カッコい〜〜っ！
男野系子さん、
カッコいいわ〜〜っ。
ホントに
こんなの
放っといて
いいのかしら？
愚か者め
がーーっ！
バカ者ども
絶対、忘れん
丸川〜っ！
もっと
カブいて
ーーっ！
それ以上
しぼったら
死んじゃうっ
て〜〜っ。
困った〜〜っ。
男系派の
バカっぷりには、
つくづく
困った〜〜あ。
女系は
イヤで
ござる〜
ダンケーで
ござるよ
「ごーまん
かまして」
忘れてる
〜〜っ。

ゴーマニズム宣言 SPECIAL

愛子天皇論

第12章

先例ではなく漸進的刷新が皇室

柿久家公園
最近の値上げラッシュは異常だよね。
パンやレトルトやマヨネーズが上がってる〜。
何と言っても光熱費が爆上がりよ。
カップ麺の値上げが気になるな。
じゅるじゅるじゅる・・・・
カップ麺はやっぱりカップヌードルのシーフード味じゃな。
え
？？

「FLASH」新連載のために一週間、ホテルでカンヅメした。毎日、一食はカップヌードルを食っていた。実に便利で美味くてありがたかった。

パルムは150円じゃが今年は160円になった。
パルムは毎年少しずつ値上がりしていたよ。
そっか。わしは冬はパルム、夏はガリガリ君じゃからな。
ぽか～ん
あんたら何で話に入ってるの!?
興味深い話題じゃけん。
なれなれしくするな～～っ!
悠仁さまがいるのに、愛子さまを天皇になどと言ってる直系派が～～!
アンタたち、国民の8割は愛子さまが皇位を継承するのに賛成なのよ!
それって愚民のポピュリズムでしょ?
でも国会議員の多数派は男系固執よ!
自民党だけじゃないよね。立憲民主党も男系固執だらけなのよ。
維新だってそうよ。
国会議員は男系固執だらけ!
それがリアルよ!
リアルな劣化ね…

ついに野党第一党の立憲民主党代表・泉健太さんが言ってくれたわ。
先例・男系・直系、やっぱり基本はそういうこと。
ずっと長く続いてきた伝統の意味や重みというものを受け止めて、できる限り踏襲《とうしゅう》するということが大前提だと思います。
「先例・男系・直系」これは優先順位のことらしいが、妙な基本だな？
先例とは「因習」も含むし、男系はまさに「固執」だし、直系なら「女系」も含まねばならないが？
皇室でいちばん大切なのは、先例！
野党第一党の党首が先例・男系と言ったのはとてつもなく大きいわ！
本当に先例がもっとも大事だというのなら、皇室最大の先例は「側室」だった！
何しろ、初代神武天皇から正妻以外の「妃」がいたことが、古事記・日本書紀で確認できる。
そして126代の天皇のうち、50代が側室の子！
実在しなかったと見られる天皇などを除けば、半数近くが側室の子だ！

突如、各週刊誌に吹き荒れた「愛子さまを旧宮家系か旧華族系の『家柄』のいい男と『政略結婚させろ！』記事。男系固執派の狂気ついにここに極まれり！ 愛子さまのご結婚相手に「門地による差別」を決して持ち込ませてはいけない。狂気を打ち払い戦い続けるブログマガジン「小林よしのりライジング」にて詳報！

側室なしで男系天皇を続けていたら、皇統はとっくに終わっていた！
側室こそが、皇室二千年の先例なのだ！
う〜〜ん
そ…そうかも。
一方、側室を事実上、廃止したのは大正天皇。
制度上も廃止したのは昭和天皇だ。
126代の天皇の中で、たかが2代、3代前のことにすぎない！
だから先例がもっとも大事なら、真っ先に「側室」を復活させろと言わなければならない。
泉健太代表はなぜそれを言わんのか？
そ…それは現代では無理だから仕方ないじゃない！
側室は女性が受けつけないから。
天皇に側室はいいけど、私はイヤかな。
「側室」という二千年の「先例」を、天皇自らが放棄したのだ。
いくら「伝統」だと言い張っても、形骸化して長く続いているだけなら「因習」でしかないということだ！
伝統は生きたものでなければならない。
とっくに死んでいて、ただ動いているだけの「ゾンビ」じゃいけないのだ。

伝統を生きたものとして保守し続けるには、新しいものを取り入れ、変えていかなければならない。刷新する必要がある。
それを見極め、変えるべきときには積極的に変えることができるのが、天皇の凄みなのだ！
必死で先例に固執するのは、秀才バカの悪しき官僚主義というやつだ。
皇室を官僚主義と一緒にしてはいけない。
皇居で天皇は稲作を、皇后は養蚕《ようさん》をしておられる。
そのご様子はメディアで報じられ、みんな、これこそが伝統を大切になさる両陛下のお姿だと思っているだろう。
天皇陛下皇居でお田植え
恒例 天皇陛下皇居で稲刈り
・陛下自ら種もみまき田植えされ育つ
・今年の作柄は去年より良い
皇后さまが皇居で飼育の蚕に「御
「御養蚕始の儀」
だが宮中養蚕は1871年（明治4年）、昭憲皇太后（明治天皇の皇后）が始めたものだ。
稲作はもっと新しく、1927年（昭和2年）に昭和天皇が始めたものだ！
126代の天皇皇后のうち、養蚕は5代、稲作はまだ3代しか受け継がれていない！

今年のWBCの侍ジャパンの選手たちにも、上皇后さまのお言葉が的を射ている。エートスが分かるかどうかだ。

ただ長く続いているのが伝統ではない！
とっくに因習・ゾンビになり果てているものもある。
養蚕は5代、稲作はまだ3代だが、伝統的な「エートス・魂」が内包されている。
WBCで活躍した日本の選手たちは、よろいも着ず、切腹したり、「ござる」とか言ってはおられなかったけれど、どの選手もやはりどこかサムライ的で、美しい強さを持って戦っておりました。
2009年(平成21年)の美智子さまの「伝統」についての言葉だが、「エートス・魂」の継承とは、まさにこれだ。
伝統・先例の中から因習化したものを思い切って捨て、「漸進《ぜんしん》的刷新」の中に「エートス・魂」を残す、天皇は自らそれを行なってこられた。
上皇陛下が民間から妃を迎えたことも、
自らのお手元で子育てをしたことも、
被災地に出向いてお見舞いしたことも、
二千年の歴史に一切、先例がなかったことだ。
そして、そのいずれにも「先例破りだ」と非難しまくったのは、サヨクではない。自称保守の連中なのだ。

じゃ、泉健太代表は間違っているの？
立憲民主党よ！野党の党首なのよ！
立憲民主党には、野田佳彦や馬淵澄夫や、菅野志桜里などの尊皇派がいたのに！
天皇の先例破りの「生前退位」＝「譲位」を実現させた政党※だったのに！
しかも、「立憲主義」の政党ならば、憲法14条の「門地による差別」に違反していいはずもないのに！
あんな若い男がなんで男尊女卑の男系脳になってしまったのか？
まるでクソじじいの脳のようじゃ。
劣化したのよ！あの政党は死ぬほど劣化した！
自民党と同じクソじじい脳になった！
うるさ～い！たとえ「因習」と化しても男系固執はゆずらず！たとえ憲法違反でも、「門地による差別」を支持する！
泉健太、大した男だわ！
おまえたち、立民に票を入れるのか？
入れない。
自民に入れる。
だろうな。どうせ男系派は立民に票は入れない。
統一協会に騙された自民男系派は、票を減らすかもしれんがなんのなんの立民も男尊女卑の男系脳に固まっている。

※当時は民進党

鎌倉幕府と戦って、隠岐に流され、その後、脱出して、1333年（元弘3年）、鎌倉幕府を滅ぼし、「建武の新政」を行った後醍醐天皇はすごい言葉を残している。
八幡大菩薩
天照皇大神
春日大明神
今の例は昔の新儀なり、朕が新儀は未来の先例たるべし。
足利尊氏が裏切って、朝廷が南北に分裂し、後醍醐天皇は南朝を成立させて北朝と対立したが、その不屈の行動力には驚嘆する。
北朝
京都
吉野
南朝
わかるわ。負けられないもの？
ごーまんかましてよかですか？
え？
何言ってるのあんた？
男系とさえ言っておけばマウントとれた年月が長すぎた。
政治家も私たちもメンツがあるから〜〜〜〜っ！
あわわわ…
なんてこと言うの〜〜？
名もなき女がごーまんかますとは何事だ〜っ。
今、そこを怒るなって〜

ゴーマニズム宣言
SPECIAL
愛子天皇論
第13章
男系派のリアルとは?

皇統は男系とさえ言っておけば、マウントとれた年月が長すぎた。
政治家も男系派もメンツがあるから〜〜っ!
なんてこと言うの、暗玉《くらたま》〜〜〜?
暗玉葱美《ねぎみ》さん、アンタ裏切る気?
おやおやおや〜〜〜。
男系派にはもうメンツしかないということを認めるのね〜〜〜〜!?

ふざけなさんな! 暗玉の口をふさげ。
あわわ……
たとえ理論で女性・女系派に負けてるように見えても、
リアル(現実)は与野党ともに男系固執政治家の人数のほうが多い。
リアルってのは恐ろしいものよ!
国民が8割、愛子さまを支持してもムダ。
国会議員は男系固執が強固で、旧宮家系の男子を皇族にしたがっている。
皇統問題はもう10年以上、先延ばしされてるのよ!
リアルってのは恐ろしいものよ!
旧宮家系という「門地」を限定して、基本的人権を奪い、皇室に入れることは、憲法違反なのだがな。
憲法が何よ! リアルってのは恐ろしいものよ!
そうか～ 世の中は理論や憲法を踏みにじって、リアルが勝つのか～。
あ…あんた個がゆれてる…

恐ろしいのは政治の劣化なんだがな。
天皇は、側室の廃止にしろ、民間人との結婚にしろ、乳母に任さない子育てにしろ、皇居での稲作や養蚕や生前退位にしろ、次々に「先例」を破って、「新儀」をつくってこられた。
今の例は昔の新儀なり、朕が新儀は未来の先例たるべし
天照皇大神
春日大明神
後醍醐天皇
どんな伝統だろうと、それが始まったときには「新儀」だった。そして自分が始める「新儀」も、未来には「先例」となり、「伝統」となりうる。
アンタは、天皇さまが望む「新儀」は、愛子天皇だと言いたいのね？
平成が終わるまで、皇居・御所で、天皇陛下・皇太子殿下・秋篠宮殿下は、意思疎通をしっかり確認するために、毎月一回、宮内庁長官の立ち会いのもとで、「三者会談」を行っておられた。
これは2012年春頃に、皇后さまの発案で始まったものだ。

このときの両氏の名刺も、上皇后陛下の付箋付き御本も、大切に保存している。口止めはされなかったが、どうせ公表しても男系派は信じないし、そもそも男系派は大御心は無視していいと思っているから、「錦の御旗」のように利用する意味はない。

この三者の間では、皇位継承問題も合意ができていたはずだ。
こんな重要な問題で三者の合意を形成しないはずがない。
わしは2013年6月12日に、宮内庁からの呼び出しを受け、都内某所で風岡典之宮内庁長官と密談したが、当時、長官はすでに「三者会談」に陪席《ばいせき》していたことになる。
宮内庁長官と官房審議官と、わしは、当然、皇位継承問題について、ざっくばらんに話したが、長官は、ふむふむと頷くことが多く、会話は主に、官房審議官との間で交わされた。
最初に長官から審議官をわしの『天皇論』のファンだと紹介されたが、あまりにも会話がツーカーで、気持ちが通じ合っているので、わしは不思議な感覚になった。
わしはこのとき、天皇陛下の意思について、ついに100%の確信を得た。
そして皇后さまの著書をわたされてその部屋を出た。
不思議なことに、この日の話の内容を漏らさないようにという口止めの忠告もなく、帰されたので、狐につままれたような感覚になり、タクシーの中で高森明勅氏に電話して伝えた。
なんですって！そんなことは天皇陛下の許諾がないと、できないっ！

統一協会問題をすっかりあいまいにしたまま統一地方選挙は行われた。『統一協会問題の闇』（扶桑社新書）で有田芳生氏が明かしたように、「空白の30年」を作ったのは「政治の力」だ！ もううやむやにはさせない！ ブログマガジン小林よしのりライジングで、引き続き追及、分析、論説!!

わしは、何人かの政治家に会って、この体験を話し、皇統問題の解決を急いでくれと頼んだが…
あれから10年、まだ「三者会談」で合意ができているはずの解決に向かって、政治は動かない。
ヤ…ヤバいんじゃないの？
愛子さまは皇室の意向では？
ふうん、それを聞いても私の気持ちはゆるがないよ。
作り話かもしれないじゃない。
のへっ…
残念ながら天皇の意思なんかどうでもいいの！
天皇よりも先例が大切なの！
男系継承の「先例」は永遠の鉄則なのよ！
なんか男野さんも水脈さんもすごいね。
フラフラすんな！
天皇は血の器《うつわ》！
意思も個性も関係ないのよ！
ええ〜〜っ？
そ…そっか〜〜〜っ！
天皇を人格として見ちゃいけないのね。
単なる「血の器」か〜〜〜っ！
当たり前じゃん
あんた個がブレまくりじゃ〜〜ん。

岸田首相は2023年2月26日、自民党大会で、安定的な皇位継承について、「先送りの許されない課題で、国会での検討を進めていく」と表明した。
いよいよ動き出すぞ。
そうはいかないよ。岸田首相の過去の発言では、女系天皇に反対よ！彼も男系主義者なのよ！
リアルってのは恐ろしいものよ〜〜〜っ！
のへ〜〜〜〜〜〜〜っへへへへへへへ〜〜〜〜っ。
天皇より、理論より憲法よりリアル！
男野さんは恐るべき信念の人ね！
アンタ自分がなさすぎ。
いいのよ。男野さんを信じれば！
では一つ、男野系子さんに質問したいのだが？
なによ？

「新しい学校のリーダーズ」が最高だ。全員可愛いし、ダンス上手いし、可笑しいし、超カッコイイ。「オトナブルー」が中毒になって、ここ2週間毎日聴いている。

閑院・東伏見・梨本・北白川・山階・伏見各家は廃絶、もしくは当代限りで廃絶確定

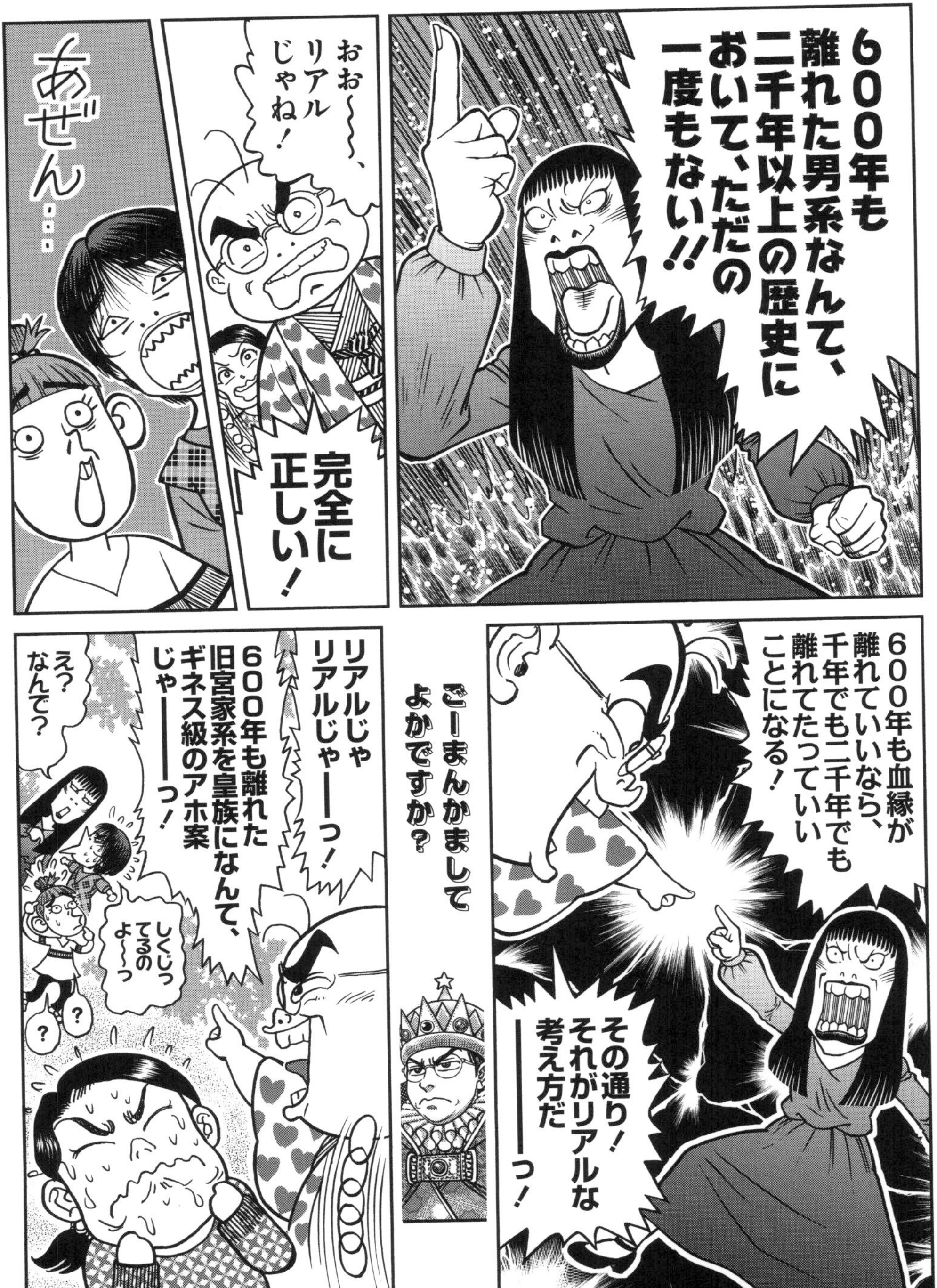
600年も離れた男系なんて、二千年以上の歴史において、ただの一度もない!!
おお〜〜〜、リアルじゃね!
完全に正しい!
あぜん…
600年も血縁が離れていいなら、千年でも二千年でも離れてたっていいことになる!
その通り! それがリアルな考え方だ——っ!
ごーまんかましてよかですか?
リアルじゃリアルじゃ——っ! 600年も離れた旧宮家系を皇族になんて、ギネス級のアホ案じゃ——っ!
え? なんで?
しくじってるのよ〜っ
?
?

ゴーマニズム宣言SPECIAL 愛子天皇論

週刊誌のねつ造から見える男系固執派の断末魔の叫び

ひと～つ、
自由を捨て、皇族になってもいいという、旧宮家系の男なんかいな～い！
ふた～つ、
旧宮家系の男子を、養子にする皇族なんかいな～い！
み～っつ、
門地による差別で憲法違反、旧宮家系の皇室侵入は一発アウト～！

直系よしりんが唱えるこの三つのハードルを、男系固執派は一つも越えられない。

明らかに追い詰められた男系固執派は、週刊誌を使って世にも奇妙な画策を始めた。

旧宮家系は「準皇族」的な身分であるかのように世間を錯覚させ、これを皇族の養子にしてから愛子さまと結婚させて、旧宮家系の夫を当主、愛子さまをその妃とする宮家をつくり、男系男子継承を維持させようというキャンペーンを、3誌もの週刊誌を連動させて展開したのだ。

非常にアクロバティックで、まったく実現不可能な妄想だが、もうそれしか方法がなくなったのだろう。

最初にぶち上げたのは、『週刊女性』（主婦と生活社）2023年3月7日号。「独占スクープ！　愛子さま　旧宮家ご子息と御所で逢瀬」と題した記事だった。

記事の情報源はすべて匿名で、どこの誰だかわからない、実在するのかどうかも不確かな怪しい人物ばかりである。

そのなかで匿名の「皇室ジャーナリスト」が、**「愛子**

さまが旧宮家の男子と結婚されれば、皇位継承問題は一段落つくのではないか」としたうえで「旧宮家の子孫には少なくとも10人の未婚男性がいて、ご年齢が愛子さまと近い方もいらっしゃいます」と発言する。

すると驚いたことに、この発言に「お墨付き」を与えるようなかたちで（錯覚にすぎないが）、神道学者で皇室研究者の高森明勅氏のコメントが紹介されるのだ。

「例えば、愛子さまがご結婚後も皇室に残られ、ご結

『週刊女性』2023年3月7日号の当該記事のサブタイルは、「歯列矯正に涙袋メイク。プリンセスのお顔立ちが〝変化〟した背景に——」。記事を構成するコメントの多くは「宮内庁関係者」「皇室ジャーナリスト」「皇宮警察関係者」ら匿名扱いになっている

婚相手が旧宮家の出身者として〝皇族との養子縁組〟で皇族の身分を取得している場合、〝皇族同士のご結婚〟となります。男子がお生まれなら皇位継承資格を持つことになるでしょう。しかし、そのようなご結婚については、ご本人のお気持ちをどれだけ尊重したのか、との疑問が生じかねません」（太字も誌面掲載のママ）

旧宮家系男子は言わずもがな「準皇族」ではなく「一般国民」であり、ここに書かれてあるプランは「法の下の平等」を謳った憲法14条に明確に違反している。にもかかわらず、このコメントを読む限り、それには一切触れず、単に「旧宮家系男子を『皇族との養子縁組』によって皇族にすることができる」とミスリードしているのがわかるだろう。

つまり、この養子と愛子さまが結婚し男子が生まれれば、あたかも「男系男子継承」が可能であるかのようなデタラメな記事の体裁になっているのだ。だが、わしと「ゴー宣道場」などで20年近く共闘している高森氏が、そんなコメントをするわけがない。

そこで本人に確認したところ、これは**「憲法違反云々はひとまず横に置いて、という設定」**で、**「こういうシ**

チュエーションならそのお子さまの位置付けはどう説明できますか？」という質問に答えたものだという。

これは明らかに罠だ。最重要問題である「憲法違反云々」を「ひとまず横において」なんてふざけた設定はあり得ない。

しかし、高森氏は人がいいから、学者らしく質問されたことに生真面目に答えて、存在し得ない設定の、起こるはずのないシチュエーションにおけるシミュレーションを話してしまった。そして、『**週刊女性**』**はそのコメントを「あり得ない設定」の「起こるはずのないシチュエーション」におけるものであることを隠し、あたかも実現可能な話のごとく、太字で強調して載せたのだ。**

もちろん女性誌の読者は、高森氏が「憲法違反で、実現するわけがない」ということを大前提にしたシミュレーションを話しているということなんか、知るわけがない。神道学者で皇室研究者という肩書の信頼できる人が、「旧宮家系の男子が皇室に入れば皇統問題は一段落つく」と言ったものと受け取っただろう。

高森氏もこの取材には「**怪しい気配を感じた**」と振り返り、そのため質問の回答に続けて「**しかし、そのようなご結婚については、ご本人のお気持ちをどれだけ尊重したのか、との疑問が生じかねません**」との見解を添えたという。

このひと言があれば、たとえ「あり得ない設定」であることを隠して発言を使われても、ご本人の気持ちを無視して愛子さまを旧宮家系男子と結婚させることはできないというのが「結論」になり、コメントが悪用されるかたちにはならないというわけだ。

だが、週刊誌の悪質さはその遥か上をいっていた。

高森氏のコメントの後には、なんと「**愛子さまが旧宮家系男子と交際している**」という聞いたこともない話が突然飛び出し、しかも、それを記事のタイトルにしてデカデカと打っているのだ。

だが、その話の根拠は「**皇宮警察関係者**」による次の発言だけだ。

「感染対策の観点から、御所におこもりになっている間、とある旧宮家の子孫にあたるご子息と束の間の逢瀬を楽しまれていたようです。

愛子さまが、瞬く間におきれいになられたのは、彼の

影響が大きいのではないかと、もっぱらの噂なのです」

単なる噂話だ。しかも、相当ゲスな男なのだろう。「女性が急にきれいになったということは、男ができたからに違いない」とセクハラまがいのことまで言っている。

誰も事実を確認した者はいない、伝聞情報とも言えない、根拠ゼロのゲスの勘繰りのような発言だ。

しかも「皇宮警察」って、トップが愛子さまを「クソガキ」呼ばわりするなど、数々の不祥事が暴露された組織ではないか（『週刊新潮』2022年6月23日号「『天皇・皇后』警護の要が内部崩壊　皇族への『悪口』はびこる『皇宮警察』」による）。

そんな曰く付きの集団に属する匿名の「関係者」が語

『週刊新潮』は「『天皇・皇后』警護の要が内部崩壊皇族への『悪口』はびこる『皇宮警察』」（2022年6月23日号）を皮切りに、「陛下、"玉座"の『高御座』で『皇宮警察』が悪ふざけしています」（2023年2月9日号）まで、皇宮警察の素行の悪さを糾弾する記事を5本掲載している

る噂話に、どれほどの信憑性があるというのか？

それなのに、記事は匿名の「宮内庁関係者」の、こんなコメントで締めくくられるのだ。

「ご本人や両陛下のご意向を無視する〝政略的縁談〟は避けるべきですが、そこに本当の恋愛感情があるのならば歓迎できる話です。愛子さまの自由恋愛が、皇位継承問題の解決への足掛かりになるかもしれません」

おそらく、高森氏が警戒して入れたセリフを受けて、「だったら愛子さまが旧宮家系と『自由恋愛』していることにしちまえ！」となったのだろう。

こうして『週刊女性』は、旧宮家系男子が皇室に入るプランにさも現実味があるかのような記事をでっち上げたのだ。

そして、翌週の『女性セブン』（小学館）2023年3月16日号には、それをさらにエスカレートさせた「愛子さま　お相手候補最有力　旧皇族男子は4才年上早稲田卒イケメン」と題する記事が載った。

『週刊女性』でははっきりしていなかった「愛子さまの交際相手」を、ここでは「旧賀陽宮《かやのみや》家の次男」と特定している。

そして特に悪質なのは、次の記述だ。

「旧皇族とは、戦後に皇籍離脱をし、民間人として生活することになった11宮家51人の皇族と、その子孫を指し、旧賀陽宮家も該当する」（傍点わし）

言うまでもなく、旧皇族の子孫は一般国民であり、旧皇族ではない。

ところがこの記事では、**「旧皇族の子孫も旧皇族」**という竹田恒泰が言い出したペテンをそのまま使い、賀陽家の次男も「旧皇族」ということにして、記事のタイトルを**「旧皇族男子」**と打っている。

この記事では最初から旧宮家系が特別な家柄であることが無条件の前提で、これを皇族にすることが現実的な選択肢だと信じて疑わず、「憲法違反」であることなど頭の片隅にもない！

記事には「皇籍復帰」という言葉も使われているが、これも極めて悪質な誤りである。

繰り返すが、旧皇族の子孫は生まれたときから一般国民である。これまで1分1秒たりとも皇族だったことのない者が皇籍に「復帰」なんてことは、あり得るわけがない。正確にいうならば、「皇籍取得」というしかないのだ。

『女性セブン』2023年3月16日号では、愛子さまの「お相手候補最有力」として今上天皇のご学友である賀陽宮家の末裔・賀陽正憲氏の次男を紹介。「皇室関係者」なる匿名の人物が「お父さまに似て長身で、端正な顔立ちをしていますよ。涼しげな目元が印象的です」などと評している

もしも「旧宮家復帰」とか「皇籍復帰」とかいう言葉が出てきたら、それだけで完全な無知か、わざと言っているペテンのどちらかだと判断していい。

それは、旧宮家の子孫が単なる一般国民ではなく「旧皇族」であり、「皇籍復帰」する資格を最初から持っているものと錯覚させるための詐欺ワードである。

しかも記事中、愛子さまが賀陽家の次男と交際しているという話の根拠は、匿名の「宮内庁関係者」の、

次の発言だけなのだ。

「愛子さまがこの数年ご縁を育まれているのは、旧皇族で、旧賀陽宮家の次男であると聞いています。愛子さまよりも4歳年上のイケメンです」

「と聞いています」って、誰から聞いたんだ!?

誰も見ていないし、誰から聞いたのかもわからない。

こういうのを「根も葉もない話」と言うのだ。

そしてここで見逃せないのは、この「宮内庁関係者」が賀陽家の次男を「旧皇族」と言っていることだ。

高森氏によれば、**宮内庁は元皇族（旧皇族）とその子孫をはっきり区別しており、旧宮家子孫を含めて「旧皇族」と表現することはない**という。

それならば、この「宮内庁関係者」は決して宮内庁の人間ではない。一体どこの何者だ？

そもそも、お相手が「賀陽家の次男」と特定されているのなら本人か、その父親の賀陽正憲氏に取材をかければ済むのに、それを一切していない。

賀陽正憲氏はメディアの取材には協力的な人で、過去に『週刊新潮』2011年12月15日号ではこう話している。

「賀陽家は、皇女をお迎えしておらず、また、既に当主無く、私も菊栄親睦会のメンバーではありません。縁談などとは、立場が違いすぎ、恐れ多いことです。息子たちはPSP（プレイステーション・ポータブル）で遊ぶ、普通の男の子です。皇室様へのお婿入りなど考えること自体、失礼と思います」

発言中の「皇女をお迎えしておらず」というのは、天皇の娘を嫁に迎えていないということである。

旧宮家は男系ではあまりにも血筋が離れているために、たびたび天皇の娘を嫁入りさせて、「女系」で血縁を近づけていた。竹田恒泰が明治天皇の「女系の」玄孫であるのもそのためだ。男系派は無視している事実だが、女系の血縁も本当は重要だったのである。

ところが、賀陽家は皇女をお迎えしておらず、旧宮家系とはいえあまりにも天皇家とは血縁が離れていると言っているのだ。

さらに「既に当主無く」とは、正憲氏の親が旧賀陽宮家の三男で、当主だった伯父は男子を遺さず亡くなったため、当主家が断絶していることを指している。

また、「菊栄親睦会」とは皇族と旧皇族、およびその家族の親睦会で、竹田恒泰が何かにつけては「今も皇室と旧皇族が親密である」とする根拠として挙げている。

だが実際には、菊栄親睦会の会合は平成に入ってから開催が減って、２０１４年（平成26年）の「天皇陛下傘寿奉祝大会」が最後となり、今上陛下の即位に際しても会合を開催せず、現在は休眠もしくは事実上解散状態のようだ。しかも正憲氏は、そのメンバーでもなかったのである。

かつて、ここまで理由を挙げて明確に断っているのだから、これと真逆のことを書くのなら本人への確認取材は欠かせない。正憲氏は取材によく応じる人だし、仮に取材を断られても「回答は得られなかった」と書けば、脈があるかのように匂わすこともできるのだ。

それなのに、まったく取材をしなかったのはなぜか？　答えは明らか。**取材をしたらガセネタだとバレるからだ！**

『女性セブン』は正憲氏が天皇陛下のご学友だったとか、一時は天皇陛下の妹・清子《さやこ》さんのお婿さん候補と噂されたこともあるなどと理屈をこね、その子も愛子さまの「お相手として、安心でしょう」といった「宮内庁関係者」の話を載せているが、これは13年前の『週刊新潮』をはじめ、週刊誌が何度も何度も何かにつけてそっくりそのまま繰り返し書いていることだ。賀陽正憲氏にしてみれば、迷惑以外の何物でもないだろう。

そして記事にはこんな記述もある。

実は賀陽家には、第２次安倍政権下に、水面下で「旧皇族の男系男子の皇族復帰」や「愛子さまのお相手」に関する極秘のヒアリングがなされていたという情報もある。

「当時、官邸内の皇室制度検討チームは、愛子さまのお相手となりうる年齢の男系男子がいる旧宮家関係者らからヒアリングを行っていました。もちろん、結婚には当人同士の意思が重要なのは当然ですが、賀陽家側にも、愛子さまとの〝将来〟について意見が求められたはずですよ」（政府関係者）

当然、ヒアリングはしただろう。そして、その結果どうだったのかうかがい知れるのが、２０１９年（平成31年）３月20日の安倍晋三総理（当時）の国会答弁だ。

安倍は旧皇族系男子の皇籍取得案に関して、該当者は「今はいわば民間人としての生活を営んでいるというふうに承知をしている」として、「まったく考えていない」とはっきり否定した。

ヒアリングの結果、賀陽家の子息が愛子さまと結婚するという案も無理となったからこそ、この答弁に行きついたのだろう。

その後、菅義偉総理（当時）も2020年（令和2年）の国会答弁で**「旧宮家の皇籍復帰に関しては、男系男子子孫に復帰の意思確認をしていない。今後もその予定はない」**と断言している。

2019年3月20日、安倍総理（当時）は参院財政金融委員会で「皇籍を離脱された方々は今はいわば民間人として生活を営んでいるというふうに承知をしている。私自身が（離脱の）決定を覆していくことはまったく考えていない」と答弁。安倍氏はそれまで、旧宮家の復帰が皇位の安定継承策の選択肢になり得ると繰り返し表明していた［写真　共同通信社］

もう結果は出ているのだ。

それでも『女性セブン』は、こんな「宮内庁関係者」の話まで載せている。

「賀陽家のご子息は『男系男子』にあたります。『男系女子』の愛子さまと結婚して、その間に男子が生まれれば、その子供は『男系男子』となります。その場合、愛子さまに関しては、結婚時に皇籍離脱をされ、男子を産まれたら〝将来の天皇の母〟〝旧皇族の妻〟として皇室に戻られるという方策もあるのではないでしょうか」

現在のルールでは、愛子さまはたとえ賀陽家の次男と結婚しても、皇籍離脱して民間人の「賀陽愛子さん」になってしまう。

だが、男子を産んだ場合にのみ、皇室に戻せばいいというのである！

無茶苦茶だ。どんな制度設計をすればそんなことができるというのだろうか？

「将来の天皇の母」「旧皇族の妻」という表現も、男尊女卑の極みだ。

要するに、たとえ天皇陛下の直系のお子さまであっても、「女」であるというその一点で、価値を認めないのだ。

男系男子を産んだ「母」になるか、６００年も遡らないと今上陛下とは繋がらない大傍系の男系男子の「妻」にならなければ認めないというのだ。

天皇直系でも「娘」では認めない、「男系男子の母」か、「男系男子の妻」にならなければダメだと言っているのだ！

さらに記事には、こんな発言も登場する。

「宮内庁関係者や皇室関係者らにとっても、愛子さまが男系男子の母になることは願ってもないことだ」という「宮内庁関係者」。

「皇室において何よりも大切なのは、男系の血を絶やさないことです」と断言する「皇室関係者」。

気色悪くてたまらない。要するにこれらの「宮内庁関係者」「皇室関係者」は、愛子さまを**「男系男子を産む機械」**としか思っていないのである！

女性週刊誌にこんなものが載って、女性の読者は怒らないのだろうか？

記事の最後に登場する「皇室ジャーナリスト」は、こう発言している。

「愛子さまのお相手を旧皇族に限定する〝政略結婚〟のようなことがあってはなりません。結婚で重要なのは当人同士のお気持ちだからです。ただ、愛子さまが将来を見据え、旧皇族のイケメンをお選びになることは十分にあり得るのではないでしょうか」

これも明らかに、高森氏が警戒して入れた**「そのようなご結婚については、ご本人のお気持ちをどれだけ尊重したのか、との疑問が生じかねません」**というコメントを意識したものだろう。

男系派はこぞって、愛子さまは男系男子継承を守るために「将来を見据え」、賀陽家の次男と「自由恋愛」をして、結婚してくださるはずだ!! という妄想に取り憑かれてしまったらしい。

仮にそれが実現したとしても、愛子さまが民間に下ってしまうだけなのだが、**男子を産んだら「男系男子の母」として皇室に戻ってもらおうと言うのだ。完全に狂っている！**

そして、とどめとばかりに登場したのが『週刊新潮』２０２３年３月16日号のトップ記事だ。

とはいえ、内容はほとんど前出の『週刊女性』と『女性セブン』の焼き直しで、目新しいものはほとんどない。週刊誌３誌に同じ人物が同じ話を吹き込んで回ったとしか思えないような印象だ。

ただ、『女性セブン』では相手を賀陽家の「次男」と特定しているのに対して、『週刊新潮』ではなぜか「賀陽家の兄弟」と交流しているという、より荒唐無稽な話になっている。兄弟2人と付き合っているのか!?

そして記事では、「さる宮内庁関係者」の話として、「正憲氏ご自身も『**自分の家が皇室に復帰する可能性があることを肝に銘じて過ごしてきた**』などと、周囲に漏らしているのです」という証言が載っている。

13年前、同じ『週刊新潮』の取材に**「立場が違いすぎ、恐れ多い」**と言っていたはずの人が、いつから皇室に入ることを「肝に銘じて過ごしてきた」のだろうか？ これは本人に確かめなければならないはずだが、なぜ取材していないのか？ 答えは一つ。ガセネタだからだ。

あと、**「一昨年の眞子さんの結婚とは異なり、正真正銘の名家とご縁ができれば、いわゆる〝悪い虫〟など近づきようがない」**という記述は見逃せない。

『週刊新潮』は、旧宮家系を**「正真正銘の名家」**と信じ切っているのである！ まったくの一般国民であるとは、露ほどにも思っていないのである！ そして、小室圭氏を「悪い虫」と言い切っているのである！

『週刊新潮』2023年3月16日号「『愛子さま』御所でお見合い!? お相手は…『旧皇族の皇籍復帰』『常陸宮家も安泰?』『"悪い虫"排除』一石三鳥の最強カードは旧宮家『賀陽家』美男のご令息」。記事の終わりでは、愛子さまに対し「学業ともども"幸せ二倍の春"を迎えられるのであれば、ご同慶の至りである」と締めくくっている

これが、眞子さまを複雑性PTSD（心的外傷後ストレス障害）にまで追い込んだ小室さんバッシングの正体だ。どんなに眞子さまを一途に愛していようが、苦学して米国・ニューヨーク州の弁護士になるほどの実力があろうが一切関係なく、**マスコミ・大衆はただ「家柄」だけで小室圭氏を「悪い虫」扱いして、叩きまくったのだ！**

これは**「門地による差別」「血統による差別」**を禁じ

ている憲法14条に明確に違反している。

前出2誌と同様、『週刊新潮』でも情報提供者はすべて匿名だが、ここで唯一、そんな怪しい話を支持する実名の人物が登場する。

男系固執派の中心人物、麗澤大学教授の八木秀次だ。八木は、賀陽家の子息を子供のいない常陸宮家に養子入りさせ、そのうえで愛子さまと結婚させて、愛子さまが「常陸宮妃」として皇室に残れるようにするべきだと主張する。

そして、**「男児が生まれれば天皇家直系の男系男子となる。『皇位継承』『皇族数確保』という二つの観点からも、このうえなく理想的なのです」**と妄想を膨らませる。

八木秀次は「憲法学者」を名乗っているはずだが、旧宮家系男子を特別扱いして皇族の養子にするのは「門地による差別」で「憲法違反」になることを本当に知らないいか、または徹底的に隠蔽している。

現行の皇室典範は皇室が養子を迎えることを禁じているが、八木は**「特例法で一時的に養子をとれるようにすべきです」**と言う。

養子については皇室典範だけの問題だから、ご譲位を可能にしたように「特例法」でできるかもしれない。しかし、憲法の特例法なんかできない。

この件に限って特別に「門地による差別」を容認し、特定の家柄の特定の国民だけ、国民に保障された基本的人権を全部剝奪して皇室に入れる憲法特例法なんてものを、都合よくつくることなどできるわけがない。

憲法は国家の基本的なルールを規定している。**国民はすべて平等で、身分・階級はないというのが日本国のルールであり、その前提のもと14条が存在する。**

それを理解していない八木秀次は、憲法を何も知らないエセ憲法学者である。

しかも、そもそも愛子さまを宮家の当主にしないということを、国民感情が許すはずがない。

男でさえあれば、600年も血筋が離れた大傍系で、突然宮家の養子になった国民でも当主になれるけれども、**女だったらたとえ天皇直系のお子さまでも、インスタント皇族の妃にならない限り皇室に残れないなんて、そんな究極の男尊女卑に国民の賛同が得られるわけがない。**

憲法第1条で天皇の地位は「日本国民の総意に基く」

とある。皇族もこれに準ずるのは当然で、国民の総意に基かない皇族など明らかに問題である。

何をどうあがいたところで、旧宮家系国民男子案は、憲法の壁を越えられないのだ！

こんなデタラメな記事が、いったいどこから湧いて出たのか？　興味深いのは、八木秀次が以前こんな発言をしていたことだ。

「週刊誌の記事の書き方は私もある程度知ってますけど、私に30分電話かけてきて、私の話で5ページ特集組みますよ、時に。で、私はあるときは宮内庁関係者、あるときは官邸関係者。まあ、ということで、まあまあ、週刊誌は情報の出所（の記載）**があるんですけど、必ずしもカギ括弧**（「宮内庁関係者」などの意）**が正しいというわけではありませんので」**（『チャンネル桜』２０２１年5月27日配信。現在は削除）

八木が言ったことだけで週刊誌の特集記事ができ、八木の発言は「宮内庁関係者」や「官邸関係者」など複数の人物の発言になる！

そう考えれば3誌の一連の記事も、どのようにでき上がったのかは容易に想像がつくというものだ。

そして、3誌に登場した匿名の「宮内庁関係者」「皇室関係者」「皇室ジャーナリスト」「皇宮警察関係者」たちも、すべて一人の人物であるということだって十分考えられる。というか、そうとしか思えない。

こんなバカげた話をでっち上げて、完全な「一般国民」でしかない旧宮家の子孫を、「名家」で「準皇族」であるかのように錯覚させ、憲法違反であることも隠蔽して世論操作を企むとは、あまりにも卑怯である。

とはいえ、このような稚拙な手段に訴えるしかないほど追い詰められているという証明でもあるから、愉快と言えないこともない。

ごーまんかましてよかですか？

男系固執派は追い詰められて、狂気が暴走している。
これは「断末魔の叫び」である。
一刻も早く、往生させてやらなければならない！

ゴーマニズム宣言SPECIAL
愛子天皇論
第14章
家政婦よしりんは見た！

愛子さまの人気が最近、スゴいよね。
愛子さまは男系だけど、その子供が女系になるからダメよ。
男の血が伝統。女の血は穢れでしかない。
長島昭久って国会議員、男系固執でいいよね。
旧民主党から自民党に転じた議員ね。
奥さま、大丈夫ですか？
奥さま危うい考えに固執していらっしゃる。
出た！家政婦よしりん。
奥さまもうそろそろ正気に戻ってはいかがかど…

奥さま、男系固執はシナの儒教の影響でございますから。
日本の伝統ではございません。
シナよさらばでございます。
長島昭久は旧宮家系の一般国民男子を「準皇族」と思い込んでいますわ。
日本は皇室と国民しかいない。
その間に階級をつくってはいけないのですよ。
そんなバカな。旧宮家は尊い家柄でフツーの国民とは違います!
あらららら…旧宮家系は100%我々と同じただの国民でございますわよ。
戸籍に登録されていたら国民ですもの。
基本的人権を享受してたら国民ですわ。
そもそも旧宮家系から、皇族になると表明した男系男子なんか、まだ一人も現れていませんのに。
私、20年待ってますのに、現れませんのよ。
現れたところで旧宮家系・国民男子の皇籍取得は、憲法違反でございますのよ!

安倍晋三はもうとっくに「旧宮家系・一般国民男子の皇籍取得」は不可能だと知っていたのだ。ただ自分のコアな支持層が「男系カルト」だから、先延ばししていただけ。皇室を守る気概が全くなかった。

奥さま、しっかりなさって！なんで「いるいる詐欺」に引っかかるのでしょう？
いるいる詐欺は犯罪認定していただきたいですわ。
「我こそは宮さまなり」と名乗りを上げる人がいたらどうするの？
見たこともないくせに「いる」と言い、いても憲法違反になることを主張するなんて、奥さま狂ってございませんか？
それで20年間も皇位継承問題を先延ばしするなんて、皇室を滅ぼそうとしているとしか思えませんわ。
男系固執派はまさに逆臣！
反天皇の統一協会と組めるはずですわね〜〜。
ガリガリガリ
故安倍晋三元総理が２０１９年（平成31年）の参院財政金融委員会で旧宮家の子孫の皇室入りを否定してますのに、これも知らないんでしょうね？
私自身がまたGHQの決定を覆すということはまったく考えていないわけでございます。
えっ？知らなかった。

このように「女は男子を産む機械」として扱う「男系カルト」を、なんと女性も支持しているのだから、相当に頭が悪く、感性が鈍い女がいるのだろう。

奥さま、ご存じかしら？
「側室がなければ男系維持は不可能」という指摘に対して長島昭久はこう言ったのですよ。
乳幼児死亡率が格段に異なる現代医学の下にあっては、側室制度の有無は影響ないと思います。
長島昭久　東京13区
何というバカでございましょう？乳児死亡率と男女の産み分けは何の関係もございません！
奥さま方ならわかりますでしょう？
しかし鈍感な男がいるもんですね。
長島には娘が2人。男は産まれてございませんのに。
男が生まれるまで、何度でも妊娠・出産を繰り返せと言われたのが雅子さまでございます。
それで適応障害になってしまわれた。
女が一人、子供を産むのは命がけの仕事でございますよ！
奥さま、夫に「男子を産む機械」のように扱われても平気でしょうか？
命の重みを知れ！鈍感野郎ーーッ！
どんかんヤロー
私、どんかんな男キライだな～
男はみんなそんなもんよ。

この国には、一般国民に身をやつしている高貴な生まれの人がいて、その方が「お家再興」を遂げれば国は救われる…男系派はこんな「おとぎ話」を本気で信じている！これは「貴種流離譚」という類型的なお話のパターンで、それを悪用するのが宮さま詐欺師！ブログマガジン小林よしのりライジングで徹底解説！！

ご存知ですか？奥さま…
長島は第43代・元明天皇から第44代・元正天皇は「母から娘」への継承であり、女系継承だと指摘されると、元正天皇の父は草壁皇子だから元正天皇も男系継承だと言い張ったんでございますよ。
父
母
草壁皇子
元明天皇
男系？
娘
元正天皇
残念、最大の事実誤認は貴兄です。元正天皇の父は天武天皇の子である草壁皇子ですから、男系です。
そ…それはいいじゃない。正しいわよ。
…でございましょうか？
奥さま、日本語がおわかりですか？
「皇位継承」でございますわよ。
どの天皇から位を受け継いだのかが問題なのですよ。
草壁皇子は天皇にならずに亡くなっています。
第43代天皇
元明天皇
天皇ではない
草壁皇子
父
母
皇位
娘
第44代 元正天皇
元正天皇は草壁皇子から皇位を継承したわけではないですわよ！
元明天皇（女系）から継いだのですよ！
な…なるほろ。

奥さま、これに対して、長島はこう言ったのでございます。
天皇かどうかではなく、血統の問題なのです。ここを御理解していただかないと、話しは噛み合いません。
ありゃりゃりゃりゃ〜〜〜。皇位継承の話をしているのに、「天皇かどうか」は、どうでもいいって？なんたルチア？サンタルチア？でございましょう？
全体的にフワッと男系血統ならいいってことでしょうか？
「天皇」の価値より「男の血」の価値が上でしょうか？
そして、その「男の血」を守る手段は、例によって「旧宮家系」の国民男子しかいないのですって！
あの方々は新憲法下においても暫く皇族であらせられましたので、その点の問題生じないと考えます。
ぎょえ〜〜〜〜っ、やっぱり「準皇族」扱い！
「旧宮家」の人たちが、新憲法下で皇族だったのは、1947年10月14日まで！
新憲法の施行日は同年5月3日だからたったの5か月ちょっと！

どの身分は、日本にはないのですよ。
皇族方とご結婚される一般国民の方は、一体どのような「門地」により「特別扱い」されると言うのでしょう?

紹介した論破ツイートはあくまでも一部である。
長島昭久はこの後も大量の反論ツイートを投稿したが、その都度、論破祭りのターゲットにされ、その後は皇統問題に関する発言が見られなくなっている。

しかし、これとほとんど変わらないレベルの発言を続ける男系固執派はほかにもおり、それらを対象とした論破祭りはまだまだ続いている。
論破される側にしてみれば、一つ何かを言えばたちまち何人もの人から集中砲火を喰らうのだから、戦々恐々といったところだろう。しかも、読んでもらえばわかるとおり、誰もわしのコピペなどしていない。みんな自分の言葉で書いてきているのだから、それは恐いだろう。
だが相手が何人で来ようと、自分の論理に自信があればまったく動じることはないはずだ。ところが論破祭りの俎上にのせられた者は、なぜかたちまち言論が荒れていき、明らかに精神がどうかなっているという様相を呈していくのである。
論破祭りはますます威力を増していく。今後も随時その報告を続け、記録として残しておこう。

愛子天皇実現への十五年戦争

何を隠そう、わしもかつては、皇位は男系男子で継承すべきと考えていた。
ただし深く考えていたわけではなく、「保守派」の言論人が全員一致で言っていたから、そういうものかと思っていただけだ。
しかしあるとき、1990年代の「新しい歴史教科書をつくる会」の運動の頃から共闘してきた神道学者で皇室研究者の高森明勅氏より、「側室なしで男系男子限定は不可能」と説明され、一気に目からウロコが落ちた。
そして、皇統という日本でもっとも重要な問題について、「保守」を自称する「知識人」が一人残らず間違っているという、信じがたい事実に愕然としたのだった。
皇位継承問題に関する議論は、2005年11月に小泉内閣に提出された有識者会議報告書で完全に結論が出ていた。
直系長子優先で、女性・女系を問わず皇位継承資格を持つようにする。旧宮家系男系男子の皇籍取得は議論の対象外。これしかなかったのだ。
ところが、皇室典範の改正法案が国会に提出される寸前、当時の官房長官・安倍晋三が独断で握りつぶしてしまった。秋篠宮妃紀子さまご懐妊の報が入ったからということだったが、それは理由にならない。有識者会議の報告書には、たとえ今後皇室に男子が誕生したとしても皇統の危機が去るわけではなく、この結論は変わらないということが明記されていたのだ。
しかし、悠仁さまのご誕生を口実に問題は棚上げされ、一歩も前に進まなくなってしまった。
わしは天皇に関する世間の無知・無関心を払拭すべく、2009年に『天皇論』(小学館)を出版。翌2010

年には、本格的に皇位継承問題をテーマに、真正面から女性・女系天皇公認論を唱えた『新天皇論』（同）を出版した。

そして同じく2010年、わしは「ゴー宣道場」を始めた。月1回、わしを含む「師範」たちとゲストによるさまざまなテーマの討論を行い、これを通じて「公論」の形成を目指すイベントである。

ゴー宣道場の師範の一人が高森氏で、最初から主要テーマに皇統問題を据え、国会議員などをゲストに迎えて、問題への理解を広めるべく回を重ねていった。

2012年、時の民主党・野田政権は、不十分なものではあったが「女性宮家創設」に向けて動き始め、わしはこれに期待した。

ところが政権は自民党に代わり、総理に返り咲いた安倍晋三は真っ先に女性宮家創設を白紙に戻してしまった。

『ゴーマニズム宣言SPECIAL 天皇論』（小学館＝2009年6月4日）

『ゴーマニズム宣言SPECIAL 新天皇論』（小学館＝2010年12月15日）

「ゴー宣道場」は小林が「身を修め、現場で戦う覚悟をつくる」ことを目的に開催する公論の場だ。リアルイベントには100人程度の参加者を募り、毎回テーマに合わせてゲストを招聘。小林や高森氏のほか、ジャーナリスト・笹幸恵氏、作家・泉美木蘭氏、弁護士・倉持麟太郎氏らが師範を務める

第2次安倍政権の下、事態は微動だにしなかった。安倍の岩盤支持層は男系固執派であり、安倍は皇統の安定なんかどうでもよく、大事なのは政権の安定だけで、そのために統一協会とまで組んでいたのだ。後世必ず、安倍晋三こそ日本史上最悪の売国奴だったと歴史の審判が下るだろう。

そんなとき、わしは宮内庁長官に呼び出された。わしはこれで天皇陛下（当時＝現在の上皇陛下）のご真意に確信を持つと共に、漫画家のわしにアプローチしなければならないほど、事態が切迫していることに衝撃を受けた。

そこでわしは、当初3年で幕を引くつもりだったゴー宣道場を継続させ、皇統問題に関する議論と情報発信を一層強化すると同時に、多くの政治家や言論人に協力を呼びかけた。しかし、それでも事態は動かなかった。

そして2016年8月、天皇陛下はご譲位の意思を強く滲ませたビデオメッセージを発表された。しかもその最後には、「これからも皇室がどのようなときにも国民と共にあり、相たずさえてこの国の未来を築いていけるよう、そして象徴天皇の務めが常に途切れることなく、安定的に続いていくことをひとえに念じ」というお気持ちが語られていた。

天皇陛下のご意思は明白となった。ところが、安倍政権はそれを平然と無視し、ご譲位を阻止しようとした。そして、安倍を支持する自称保守の政治家・知識人たちもこぞって天皇陛下の思いを踏みにじる逆賊と化した。

わしは一般国民の理解を深めるため、2009年の『天皇論』を大幅に増補改訂した『天皇論 平成29年』（同）を緊急出版するにとどまらず、さらに活発に動いた。

『ゴーマニズム宣言SPECIAL 天皇論 平成29年』（小学館＝2017年2月27日）

わしは高森氏、そしてゴー宣道場師範に加わった弁護士の倉持麟太郎氏と共に与野党の政治家に働きかけ、当時の第一野党・民進党を動かすことに成功し、ご譲位を実現させたのである。

もしもあのとき、ゴー宣道場と民進党という政党がなければご譲位は実現せず、いまだに「令和」の時代を迎えられていなかったはずだ。

ところが安倍晋三は、本当は阻止しようとしたくせに、自分の手柄でご譲位が実現したかのように装い、しかも、附帯決議に明記された「安定的皇位継承」のための議論をズルズルと先延ばしするという、どこまでも卑怯な手段に出た。

安倍は死んだが、皇位継承問題はそのまま今日に至っている。

次ページ以降に収録した作品は、まずは2017年に月刊誌『SAPIO』（小学館＝現在は休刊）に連載していた『ゴーマニズム宣言』で描いた、天皇陛下ご譲位の経緯や、逆賊と化した「保守派」の実態、眞子さまご婚約を巡る、単行本初収録となるリアルタイムの記録である。

そして、続けて『週刊SPA!』（扶桑社）へ移籍後に描いた、今上陛下ご即位前後の状況や、皇位継承問題に関する作品を収録した。

なお、登場する人物の肩書・所属等はいずれも初出当時のものである。

それぞれの章の後には、現在読み直して改めて思ったことや、その後起きたことに関する補足などを付け加えた。

わしが最初に『天皇論』を出版した年から、足かけ15年になる。この年月は、わしにとっては愛子天皇実現を目指す「十五年戦争」だったとも言える。

これは決して「二十年戦争」にはできない。あと1、2年で勝たなければ、将来の皇統消滅はほぼ確実になり、日本は希望を失い、果てしなく腐っていくであろう。

決戦の秋《とき》である。この戦いは必ず勝てる。勝たなければならない。

※これ以降に掲載する第15章「逆賊と戦う政治家たち」は『SAPIO』(小学館)2017年4月号より、第16章「森友学園とアナクロ極右」は同 2017年5月号より、第17章「皇室典範『特例法』の問題点」は同2017年6月号より、第18章「眞子さま婚約、最後の賭けか?」は同2017年8月号より転載した画稿になります。なお、作中に登場する「民進党」は、2012年12月に政権を下野した民主党が政界再編を経て2016年3月に結成(改称)した後継政党です(2018年5月に解散)。

ゴーマニズム宣言SPECIAL
愛子天皇論
第15章
逆賊と戦う政治家たち

『SAPIO』2017年3月号に、
皇室典範改正を主張する
民進党（当時）に対して、
デタラメな憶測や
陰謀論を書き散らす
デマ記事が載った。
継承問題
八木秀次
系男子はいる!」
れて来い!」
民進党の「尊皇」を信じてよいのか
有識者会議は安倍政権「大失態」の
尻拭いにすぎない
譲位論争の背後で囁かれる
きな臭い「韓国ファクター」とは

わしは猛烈に
アタマにきた。
なぜなら
民進党を動かしたのは、
他ならぬわしや神道学者
で皇室研究者の高森明勅、
弁護士の倉持麟太郎など
「ゴー宣道場」の
師範たちなのだ！

安倍政権が天皇陛下の
思いを無視し続ける
逆賊であることは、
もう誰もが知っている。
対談 小林よしのり 野田佳彦
天皇陛下のご退位 ご譲位について
Youtubeで見られる
今、天皇のために
動いてくれるのは
野党しかいない。
なかでも天皇退位問題を
もっとも理解しているのは、
民進党なのだ！

最近「ゴー宣道場」に
師範として入った
倉持麟太郎氏の紹介で、
山尾（現・菅野）志桜里議員と
知り合った。
山尾議員は熱く燃える
理解者になってくれて、
陽気で美人で酒飲みで、
東大法学部卒で
検察官だったのだから、
相当アタマがいい。
なかなか気に入った。
野田佳彦幹事長は総理時代、
女性宮家創設に尽力し、
天皇に気に入られた人だ。
天皇のご意向は
わかっているから、
天皇退位問題でも、
「皇位検討委員会」を
つくって、識者を招いた。
その委員会に、
高森明勅氏や
わしも呼ばれたのだ。
「皇位検討委員会」に
わしが行ったとき、
本来、委員ではない
細野豪志議員が
やって来て、わしの
すぐ傍に座って、
スゴい集中力で
聞いていた。
実は2014年、加藤紘一氏が、
細野・辻元清美・わしを呼んで、
食事をしたことがあった。
そのとき、わしは
宮内庁長官の
名刺を見せて、
皇統問題を
相談していたのだ。
秘密にしていたが、
わしはすでに、
長官や審議官と
会って、話をして
いたのである。
これで
確信を得たので、
なんとかせねばと
ずっと焦っていた。

だが、なかなか皇位継承の問題は政治的な議論になることがなく、わしは「ゴー宣道場」で粛々と天皇制に関する議論を続けるしかなかった。
ゴー宣道場
そして政治家が無視し続けた結果、2016年(平成28年)8月8日の玉音放送となった。
わしはただちに『天皇論 平成29年』の製作に着手した。
『天皇論』を描き直すぞ——っ!
「おことば」によって見えてきたっ!
たっぷり描き下ろしもしてやる——っ!
この年の12月21日、民進党は天皇退位のための「論点整理」を発表した!
政府の有識者会議よりも先に出してしまったのだ!
民進党の「論点整理」は、天皇の退位の要件を三つに絞って皇室典範に盛り込み、恒久制度化するプロなら唸るものだった。
あれほど騒がれた政府の有識者会議の「論点整理」が平成29年(2017年)1月23日発表されたが、民進党のものに、及びもつかない低レベルの出来だった。
わしは野田氏と食事をしながら、いろいろと頼みごとをした。
その際、野田氏から総理を辞めたときに、天皇皇后両陛下が労をねぎらってくれた話を聞いた。
内容は明かせないが、感動的で、野田氏が完全に尊皇派になった理由がよくわかった。

いよいよ国会が始まり、予算委員会での細野豪志氏の質問はスゴかった。
旧宮家の復活や男系を養子に迎える、そんなことをやった瞬間に国民の気持ちは天皇家から急激に離れると思いますよ！
なんという直球の思い切りのいい質問か！
安倍総理は
有識者会議の論点整理は参考にとどまる。
と言い、旧宮家系の国民男子が皇籍取得することについては…
総理就任以前に一つの選択肢としてあり得るのではないかと考えていた。
と、なんと過去形で発言。
旧宮家系の男系男子の
対象者すべてから拒否されることもあり得る。
とまで、弱気な発言をした。
恐らくすでに調査したのだろう。
そしてすべてから拒否されたのだ！
さらに安倍総理は、
安定的な皇位継承について引き続き検討する。
皇室典範の改正はあり得る。
と言わざるを得なかった。
細野議員、いきなりの快挙だ。

山尾志桜里氏も
馬淵澄夫氏も
「典範改正の必要性」を
完璧に理解している
ので、今後いろんな
機会に、重要な働きを
してくれることだろう。
わしは共産党の
小池晃書記局長にも
会って、天皇退位問題で
頼みごとをした。
小林よしのりが
共産党議員を訪ねる
という、あり得ない
状況に、同行した
笹幸恵さんは相当
緊張したらしい。
小池氏には、あくまでも、
「立憲主義を守る」立場から、
特例法に反対すること、
天皇は「国民の総意」に
基づくのだから
「水面下」の議論で
決着をつけないことを
党に主張してくれる
よう頼んだ。
密室でやるのは
よくないですよね。
小池氏は女性皇族の
「人権」を守る立場から、
女性・女系天皇にも
理解を示してくれた。
いつか一杯
やりましょう。
わしと酒を
飲むのなら
きっと助けに
なってくれる
だろう。
党派は関係ない。
頭山満が中江兆民と
生涯、親友だったように、
イデオロギーを超えて、
共闘できるときだってある。
安倍政権のように
天皇に反逆する
政治屋どもよりは、
共産党のほうが
信用できるかもしれない。

さらに小沢一郎氏が
法哲学者・井上達夫氏の推薦で、
わしのブログを読んでくれ、
わしを自由党の勉強会の
講師として呼んでくれた。
山本太郎がいた。
その後、小沢氏と
食事をして、
「女性宮家創設」で
大いに盛り上がった。
「30日ルール」※を破って、
陛下を習近平に
会わせたときには、
わしも怒ったが、
今回、小沢氏がわしを
手伝ってくれるなら、
過去のことには
こだわらない。
過去にこだわるより
前に進めだ！
自民党の中にも、
「一代限りの特例法」に
反対する議員は
いるのだが、何しろ
安倍全体主義によって
自由な言動が
封じられている。
自由民主党
たまたま笹幸恵さんの
友人が石破茂氏の秘書を
やっているので、
アポを取ってもらい、
わしは石破氏を訪ねた。
ずんずんずん
わしは今、自民党内では
ブラックリスト扱いで、
宏池会系の若手議員が
わしを招く勉強会も、
安倍シンパ議員によって
直前で潰されたほどだ。
自由民主党
そんなわしと石破氏が
公然と対談するのは、
かなりのリスクがある。
だが、石破氏は
立ち上がった！
安倍政権の幹部たちは、
口を開けば、
天皇退位問題を
「政争の具にするな」
「静かな環境で」と
連呼する。
議論封じだ！
密室で
決めたがって
いる！
この問題は
「議事録を残す」
オープンな場で
議論せねばならない！

※海外の要人が天皇との会見を希望する場合、1か月前

『SAPIO』2017年3月号で、新宿ホスト風のライター古谷経衡が民進党バッシングを書いていたが、実にカス記事だった！
民進党の「尊皇」を信じてよいのか
わしが今、共闘している民進党の議員たちは、本物の尊皇派である！
今まで政治の「不作為」に天皇皇后両陛下がどれだけ悩まされてきたことか！
民進党には期待されているに違いない！
山口敬之という奴は安倍晋三の提灯本でメシを食うライターで、最近では小川榮太郎とか、阿比留瑠比とか、異様なほど権力にすり寄る売文家が出てきた。
譲位論争の背後で囁かれる きな臭い「韓国ファクター」とは
山口の文章は邪推と陰謀論だらけの野田佳彦バッシングでスカスカのカス記事！これがジャーナリストとは嗤《わら》える。
具体的に言っておくが、「生前退位」は、法学的用語としてすでに70年以上、憲法の注釈書などで普通に使われてきた言葉だ。
「退位」は「崩御」と一体と思われてるから、わかりやすくするために「生前退位」を使われただけだろう。
憲法4条の「(天皇は)国政に関する権能を有しない」という条文は、憲法学者の長谷部恭男教授によれば、国事行為を拒否したり、天皇が党派政治に巻き込まれたりするような事態のことである。
天皇の出処進退に関する譲位は、「国政に関する権能」には当たらないというのが憲法学界の通説なのだ。

東谷暁は、さらに酷い！
そもそも天皇の「公的行為」には
内閣の「助言と承認」は要らない
ということを知らないのだ！
2016年（平成28年）8月8日の天皇の「おことば」の根拠となる条文が憲法の中にないから「クーデター」だなどと言っている。狂ったんじゃないか？
「意向」を巡る問題の本質を検証
有識者会議は安倍政権「大失態」の尻拭いにすぎない
東谷暁
ある雑誌に渡した拙文は「クーデター」という言葉ゆえに、結局、発表することができなかった。
ある雑誌は賢明だね。
「国事行為」には内閣の「助言と承認」が必要だが、
「公的行為」は内閣の「同意と責任」で行われるものである！
天皇の海外訪問も、園遊会の主催も被災地ご訪問も、すべて「公的行為」だが、憲法に条文などない。
8月8日の「おことば」も、「公的行為」であり、内閣の「同意と責任」で行われたのだ！
東谷は、天皇の海外訪問や園遊会や、被災地訪問を見て「クーデターだ！」「違憲行為だ！」と叫んでいたのだろうか？
狂っている！
クーデタ
そもそも天皇の意向を受けて、典範を改正したら憲法違反なのか？
では小泉内閣で、女性・女系天皇を公認するために典範改正しようとしたことは憲法違反だったのか？
野田内閣で女性宮家を創設しようとしたことも憲法違反だったのか？

基本的人権のほとんどを制限された天皇が、自分の出処進退に関する表明まで禁じられたら、もはや奴隷になる！
『SAPIO』2017年3月号には、憲法学者で麗澤大学教授の八木秀次との対談が載ったが、まともな国語力と常識があれば、旧宮家系の国民男子に皇族になる者はいないということが、十分、わかっただろう。
これでわからなきゃ完全にカルトだな。
天皇「生前退位」の先にある
皇位継承問題を徹底討論
八木秀次
小林よしのり
激論150分【後編】
「皇族になる男系男子はいる！」
「ならば、連れて来い！」
八木は「皇族になる意志のある」男系男子が、
いますから大丈夫です、家族構成や年齢など、すでに把握されています。
と言う。だが記者会見は絶対しないと言い張る。
政府として把握できればいい問題です。
と言う。

ところが次の瞬間には、
政府はまだ把握できていないかもしれませんが、旧宮家の当主クラスが、皇籍復帰の意向を持つ方を把握していると聞いています。
…と伝聞情報になってしまう。
「把握されています」と言いながら、
政府も自分も把握していない。
「旧宮家の当主クラス」が把握していると「聞いている」らしい。
誰から聞いたの？
当主クラスって誰のこと？
な〜〜〜〜んにもわからない！
八木は、あくまでも国民には知らせず、政府がこっそり決めて、
正式に決定したら公表し記者会見をすればいい。
…と平然と言うのである。
なんと、
ご結婚を機に旧宮家の男性を当主とする宮家を創設し、眞子さまや佳子さまが妃殿下となる。
などと自分勝手に妄想を膨らませている。
眞子さま、佳子さまの人権は完全無視！
お二人が了承するはずがなく、秋篠宮さまが許すはずもなく、もちろん国民が許すはずもない。

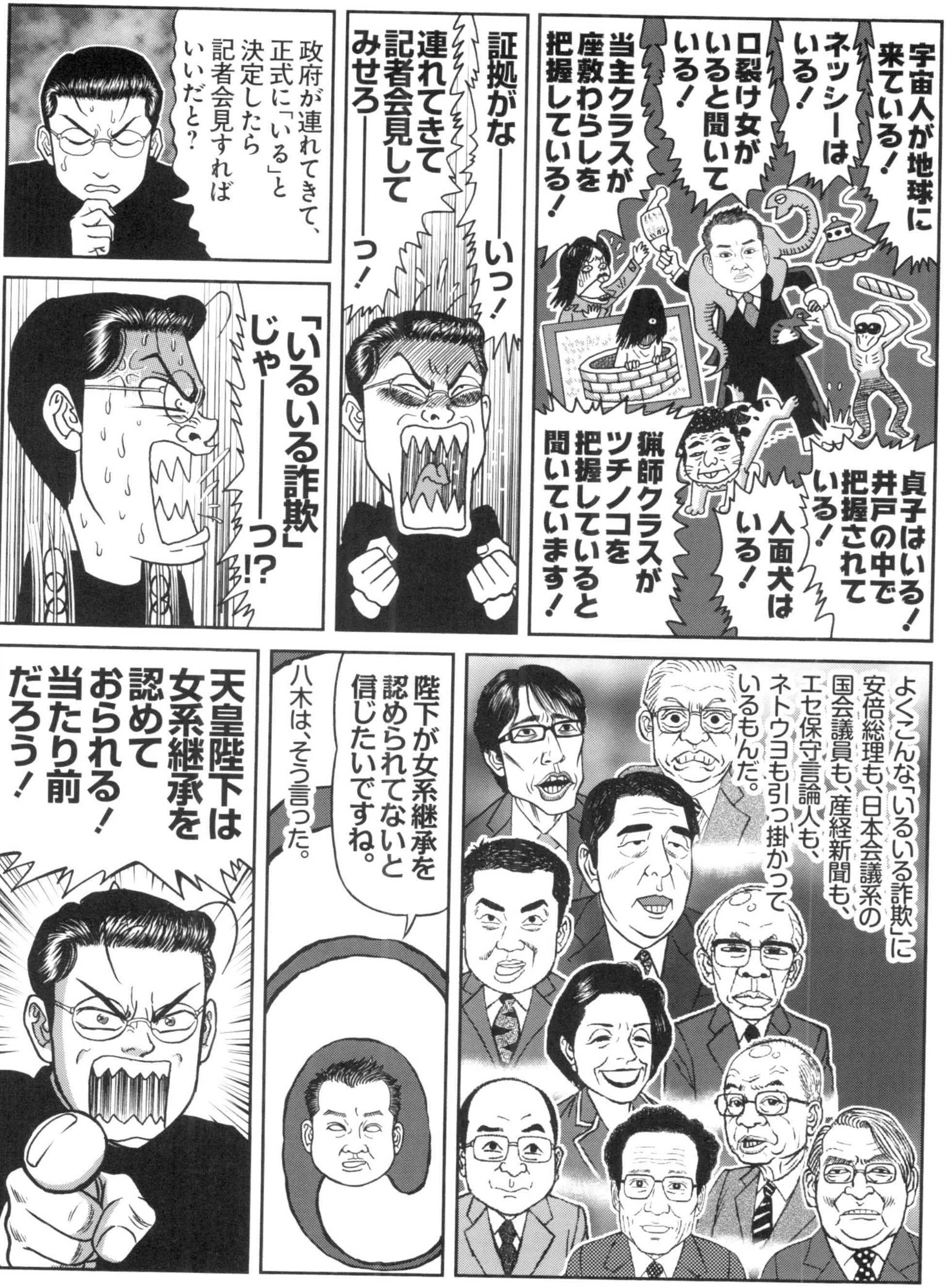
宇宙人が地球に来ている！
ネッシーはいる！
口裂け女がいると聞いている！
当主クラスが座敷わらしを把握している！
貞子は井戸の中で把握されている！
人面犬はいる！
猟師クラスがツチノコを把握していると聞いています！
証拠がな———いっ！
連れてきて記者会見してみせろ———っ！
政府が連れてきて、正式に「いる」と決定したら記者会見すればいいだと？
「いるいる詐欺」じゃ———っ!?
よくこんな「いるいる詐欺」に安倍総理も、日本会議系の国会議員も、エセ保守言論人も、産経新聞も、ネトウヨも引っ掛かっているもんだ。
陛下が女系継承を認められてないと信じたいですね。
八木は、そう言った。
天皇陛下は女系継承を認めておられる！当たり前だろう！

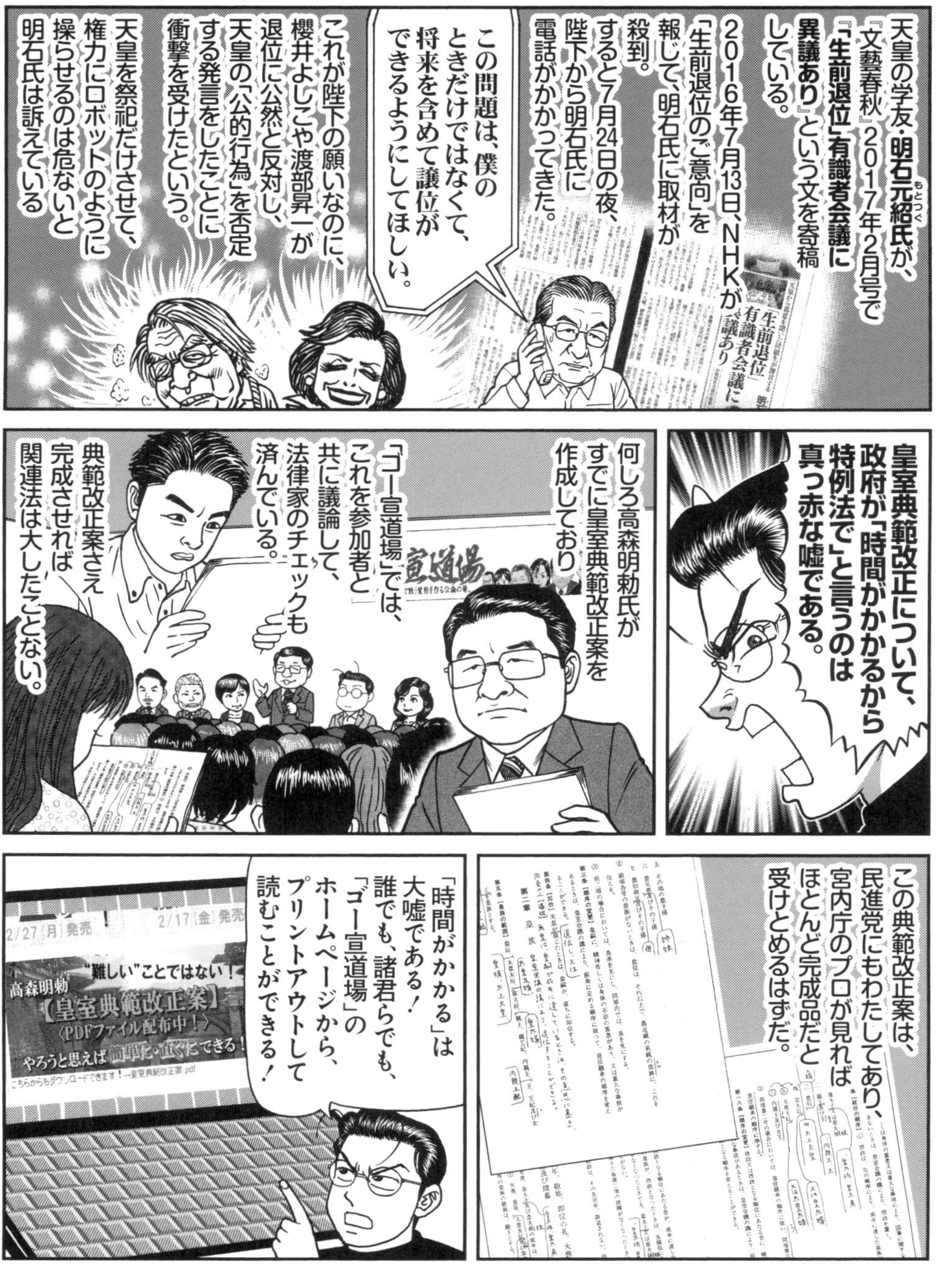
天皇の学友・明石元紹《もとつぐ》氏が、『文藝春秋』2017年2月号で「『生前退位』有識者会議に異議あり」という文を寄稿している。
2016年7月13日、NHKが「生前退位のご意向」を報じて、明石氏に取材が殺到。
すると7月24日の夜、陛下から明石氏に電話がかかってきた。
「生前退位」有識者会議に異議あり
この問題は、僕のときだけではなくて、将来を含めて譲位ができるようにしてほしい。
これが陛下の願いなのに、櫻井よしこや渡部昇一が退位に公然と反対し、天皇の「公的行為」を否定する発言をしたことに衝撃を受けたという。
天皇を祭祀だけさせて、権力にロボットのように操らせるのは危ないと明石氏は訴えている
皇室典範改正について、政府が「時間がかかるから特例法で」と言うのは真っ赤な嘘である。
何しろ高森明勅氏がすでに皇室典範改正案を作成しており
「ゴー宣道場」では、これを参加者と共に議論して、法律家のチェックも済んでいる。
宣道場
典範改正案さえ完成させれば関連法は大したことない。
この典範改正案は、民進党にもわたしてあり、宮内庁のプロが見ればほとんど完成品だと受けとめるはずだ。
「時間がかかる」は大嘘である！誰でも、諸君らでも、「ゴー宣道場」のホームページから、プリントアウトして読むことができる！
2/27(月)発売
2/17(金)発売
"難しい"ことではない！
高森明勅
【皇室典範改正案】
〈PDFファイル配布中！〉
やろうと思えば簡単に・直ぐにできる！
こちらからもダウンロードできます！→皇室典範改正案.pdf

※現在は公開終了

政府は、「退位の制度化」が困難だと強調する。
これも嘘八百である！
譲位を「恣意的」にできない、あるいは「強制的」になされないようにするためには、3要件を整えればいい！
①天皇ご自身の意思に基づくこと。
②皇位を受け継ぐ方（皇嗣）が成人（18歳以上）に達していること。
③皇室会議の議によること。
この3要件は民進党も提案している。
特例法で退位させる前例をつくると、どうせ次の天皇も高齢になることは確実なのだから、また特例法を制定せねばならなくなる。
それどころか、天皇の意思を無視して、権力が強制的に退位させる前例をつくってしまう。
天皇の「恣意的」な退位も、権力の「強制的」な退位も、両方、防ぐのが、上の3要件である。
憲法2条に違反する特例法はダメだ！
ことは国体に関する重大なこと。
典範改正の王道で、譲位はなされなければならない。
政府は、とりあえず「一代限りの特例法」で退位させ、
典範改正の議論も引き続きやると言って、民進党を騙す可能性がある。
だがその二段階論を特例法の中に「付則」として盛り込んだとしても、政府が守る保証はない。
罰則のない「付則」など無視すればいいからだ。
諸君！民進党や他の野党が騙されないかどうか、よく見張ってくれ！
わしが会った政治家がどんな行動をとるか、しっかり見ててくれ！

2017年2月、わしの『天皇論 平成29年』が発売された。
天皇論 平成29年
小林よしのり
23万部突破の「天皇論」に新たに100頁超を加筆した最終決定版!
陛下を蔑ろにする逆賊は誰だ!
小学館
ぶぶっ……ぶ厚い〜〜〜っ!
漫画は100ページ超、文章も書いたからこんな分厚さになってしまった!
それでも紙質を薄くしたり工夫したのにね〜〜〜っ!
RIP. EBC No 9
ごく自然に天皇を敬愛する一般国民に、これを読んでもらい、「天皇とは何か?」の答えを見つけてほしい!
2009年(平成21年)の『天皇論』は、「祭祀第一」が強調されすぎていた。
天皇論
小林よしのり
2016年(平成28年)8月8日の「おことば」によって、わしは今上陛下の考えに、すごく共感してしまった!
国民の結節点としての天皇のあり方、その覚悟に感動した!

今上陛下が範を示された
平和を祈り、国民に寄り添う
公務に対して、
俗人どもは「やりすぎだ」
「勝手にハードルを上げている」
などと好き放題批判する。
「余計なことをせずに祭祀だけ
やっていればいい」
「存在するだけでいい」
とまで言う者もいた。
将来の天皇が今上陛下のように公務を
こなせるはずがないと考えた政府は、
なんと「天皇の公務の負担軽減等に
関する有識者会議」を設置した。
公務を減らせというのは
天皇陛下の人生
そのものの否定だ！
逆賊どもは、公務重視は、
「能力主義」になると言う。
天皇は「男系血統」だけ、
能力は関係ないと言う。
だが、それは
間違っている！
天皇が菊のカーテンの奥に
閉じこもって、祭祀と
国事行為だけをやっていたら、
国民は皇室への関心を
失ってしまう。
全身全霊の公務で
国民に寄り添うからこそ、
国民の天皇への敬愛心が
育まれるのだ。
天皇の公務は
天皇の主体的意志で
決めるもの。
増やすも減らすも
その時代の天皇に
任せればいいのである。
予言しておくが、
次の天皇も、
その次の天皇も、
御自分の世をつくるべく、
公務に励まれる！
公務の質が変わっても、
次の天皇も国民との
絆を絶やすことはない。
政府やエセ保守どもは、
天皇を信頼できないのだ！

天皇陛下は、自分が疲れたから退位したいと仰ったのではない！
健康な皇太子に次の公務を託したいのだ。
さらに皇位の安定的継承を願ってのことだ。
「一代限り」は天皇陛下への恐るべき侮辱である！
日本国民は、こんな反逆を許してはならない！
ごーまんかましてよかですか？
『天皇論 平成29年』を完全読破せよ！
秘書みなぼんの豆知識まで書き換えている。
天皇論 平成29年
小林よしのり
23万部突破の『天皇論』に新たに100頁超を加筆した
最終決定版！
陛下を蔑ろにする逆賊は誰だ！
小学館
情緒と論理がここまで脳に浸透し、魂を揺さぶる本はない！
わしが自分で言うのだから、確かである！
真正保守か？それとも単なる逆賊か？
天皇を守る政治家を応援せよ！
それが日本国民の務めである！
船田元

逆賊と戦う政治家たち

2017.4 平成29年

天皇陛下のご譲位を実現する皇室典範改正に向け、民進党が動き始めた。
だが、これを妨害せんとする逆賊によるデマ・誹謗中傷が渦巻くことに！

その後——

さすがリアルタイムの記録だけあって、読み返してみると、このとき、誰にどれだけの期待をしたかという当時の心情がナマで描かれている。野田佳彦前総理をはじめ、当時の民進党の政治家たちは、よく頑張ってくれた。

当時は「安倍一強」の政治状況下、雑誌は政権の批判や野党の応援をしてもまったく売れず、政権をヨイショして野党をこき下ろし、安倍シンパの自称保守・ネトウヨに媚びることでしか商売が成り立たないという状態になっていた。

わしが『ゴー宣』を連載していた雑誌『SAPIO』（小学館＝現在は休刊）も例外ではなく、皇室典範改正に向け、わしらが尽力して始まった民進党の動きを揶揄・中傷する特集を組んできたため、それをさらに同じ雑誌の次の号でわしが猛批判しなければならないという有様だったのだ。

それでも、天皇ご譲位の阻止を目論んだ安倍一強政権に対抗し、野党の力でご譲位を実現できたのは大きかった。思えば民進党という政党は、このためにのみ存在したようなものだ。

現在は、安倍政権時代ほど与党が強くないにもかかわらず、民進党の分裂もあって野党のほうがさらに弱体化してしまい、弱小野党も乱立してまったくまとまらない状況で、政治的には、現在はこの頃よりもさらに厳しくなっていると言わざるをえない。

ところで、この章に引いた対談記事中で、八木秀次は「旧宮家の男性を当主とする宮家を創設し、眞子さまや佳子さまが妃殿下となる」旨の妄想発言をしているが、これは愛子さまに関する話として、今年（2023

年）3月に『週刊女性』（主婦と生活社）、『女性セブン』（小学館）、『週刊新潮』（新潮社）に立て続けに載ったものとほとんど同じ趣旨である。

また、八木は『週刊新潮』2023年3月16日号では「旧宮家系男子が宮家に養子入りし、愛子さまが結婚してその妃殿下となり、男子が生まれれば『天皇直系の男系男子』になる」という趣旨の発言をしているが、これは大間違いで、愛子さまが宮家の当主でなければ、その子は「天皇直系」にはならないし、愛子さまが宮家の当主であれば、その子は「女系」になる。「直系」と「男系」は両立しないのだ。

こんな初歩的で重大な二重の誤りを平気で吹聴するのが八木秀次だ。しかも同時期、これとまったく同じ主旨の誤ったコメントが、匿名の「皇室ジャーナリスト」の言として他紙にも掲載されている。

もう、週刊誌に妄想話を持ち込んでデマ記事を書かせたのは誰なのか、疑う余地もないだろう。

対談 小林よしのり 野田佳彦
−天皇陛下のご退位・ご譲位について−

2016年12月29日、天皇陛下（現在の上皇陛下）が出されたビデオメッセージをきっかけに皇位の安定継承を巡る議論が再び沸騰した。これを受けて、当時の民進党幹事長を務めていた野田佳彦前総理が、民進党のネット番組で小林と公開討論。白熱した議論は1時間以上にわたった。https://youtu.be/mUFwqcDICZY

ゴーマニズム宣言
SPECIAL
愛子天皇論
第16章
森友学園とアナクロ極右

国有地をタダ同然で取得した森友学園の教育方針に、自称保守が共感するのは当然である。
同じ「アナクロ極右」の思想性を持つからだ。

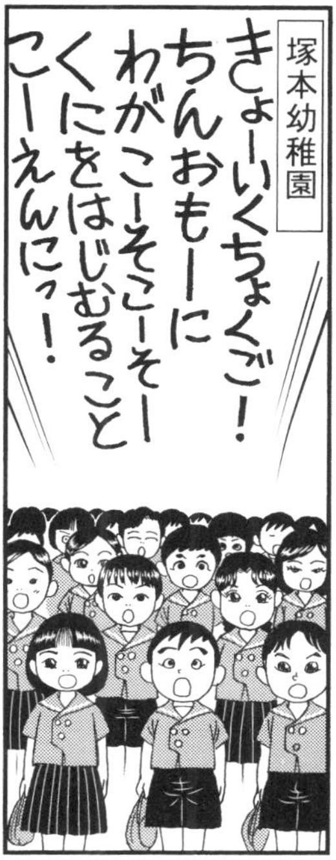
塚本幼稚園
きょーいくちょくご！ちんおもーにわがこーそこーそーくにをはじむることこーえんにっ！

運動会の宣誓
大人の人たちは、日本がほかの国々に負けぬよう、尖閣列島、竹島、北方領土を守り、日本を悪者として扱っている中国・韓国が心をあらため、歴史教科書で、嘘を教えないよう、お願いいたします！

安倍首相がんばれ!
安倍首相がんばれ!
安保法制、国会通過、良かったです!
護国神社
「愛国行進曲」の合唱です!
みーよとうかいのそーらあけてーきょーくじつたかくかーがやけばー
安倍昭恵を前に
日本国・日本国民のために、活躍されている、安倍晋三総理大臣を、一生懸命支えていらっしゃる昭恵夫人、本当にありがとうございますっ!
ぐすっ…
ぐしゅっ…
常識ある人間ならば、子供が大人に言わされているとすぐわかるはずだ。
まるで北朝鮮の子供のようだと不気味に思うのが普通だ。
ところが安倍夫人は…
安倍昭恵の講演
籠池園長、副園長の本当に熱い熱い思いを何度も聞かせていただいて、この「瑞穂の國記念小學院」で何か私もお役に立てればいいなと…

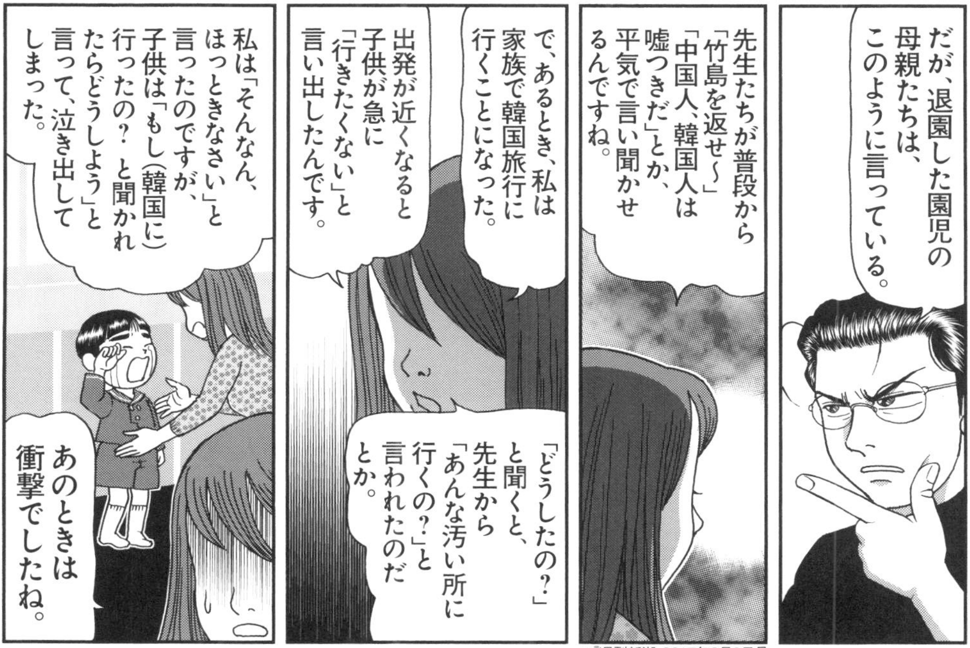
だが、退園した園児の母親たちは、このように言っている。
先生たちが普段から「竹島を返せ～」「中国人、韓国人は嘘つきだ」とか、平気で言い聞かせるんですね。
で、あるとき、私は家族で韓国旅行に行くことになった。
出発が近くなると子供が急に「行きたくない」と言い出したんです。
「どうしたの？」と聞くと、先生から「あんな汚い所に行くの？」と言われたのだとか。
私は「そんなん、ほっときなさい」と言ったのですが、子供は「もし（韓国に）行ったの？と聞かれたらどうしよう」と言って、泣き出してしまった。
あのときは衝撃でしたね。

▲『週刊新潮』2017年3月9日号

（副園長が）ある親に宛てたメモには、「コーラやファンタを飲ませていると聞きましたがそれでも親ですか？年とって背中まがりますよ。韓国人とかは整形したり、そんなものを飲んだりしますが、日本人はさせません」と書いてありました。
（子供の将来のために）中国語のレッスンを受けさせている話をしたら、態度が急変して、嫌がらせが始まったんですよね。レッスンのある曜日に、帰りのバスに乗せてもらえなかったり、副園長から何度も怒鳴り声で電話がかかってきたり…
中国・韓国が嫌いという感情は、保守系の者なら誰にだってあるだろう。
だがそれを教育の場で子供に植えつけるとなると、何のことはない、中国・韓国がやっている反日教育のマネではないか！
これは排外教育であり、差別教育である！

▲『週刊SPA！』2017年2月28日

安倍昭恵講演
恵先生
こちらの教育方針は大変、主人も素晴らしいというふうに思っていて、(籠池)先生からは「安倍晋三記念小学校」という名前にしたいと、当初は言っていただいていたのですけれど、主人が「総理大臣というのはいつもいいわけではなくて、時には批判にさらされているときもある。もし名前を付けていただけるのであれば、総理大臣を辞めてからにしていただきたい」と…。
退園した園児の母親たち
ある日、「弁当に犬の毛が入っていた!」と、弁当の中身を捨てられたんです。登園に使うカバンも「犬の毛がついている!」「臭い」と言われ捨てられました。
トイレの時間が厳格に決められていて、間に合わなくても「時間だから」と部屋に戻される。
お漏らしすると職員室で「お漏らししちゃってごめんなさい、赤ちゃんでごめんなさい」と言わないと替えのパンツを貸してもらえない。本人も恐かったのか、家でもしばらく頻繁にトイレに行くようになっていました。
子供がお漏らししたとバスの添乗員さんに言われて、ウチに帰ってカバンを開けたら、パンツにくるんだウンチがそのまま入っていてビックリした。
そのカバンは給食セットのお茶碗やお箸も一緒に入っているものだったんですよ。
ここまできたらもう虐待だろう。
規律を身に付けさせる教育は、往々にして虐待に結びついてしまう。

◀『週刊朝日』2017年3月10日号

安倍昭恵講演
この幼稚園でやっていることは本当に素晴らしいのですけれど、それが、この幼稚園が終わってしまって、普通の公立の学校に行くと、普通の学校の教育を受ける。
せっかくここで芯ができたものが揺らいでしまう。また(公立)学校に入った途端に揺らいでしまう。
そして、この学園が「安倍晋三記念小学校」の名で寄付金を集め、開校を目指した「瑞穂の國記念小學院」には、公的機関が次々に動き、タダ同然で国有地が入手できるという、奇々怪々な便宜が図られていた！
安倍総理は昭恵夫人を「私人」と言ったが、バカバカしいにも程がある！
ごあいさつ
名誉校長 安倍 昭恵 先生
総裁・校長 籠池 泰典
主人にもの申すのが役割
日本古来の大麻文化を取り戻したい
安倍昭恵氏 特別講演会
「ファーストレディの思い」
文科省に圧力電話する「安倍昭恵」は私人か！
名誉職 首相夫人の看板
昭恵氏、団体・イベント20の肩書
安倍昭恵氏が名誉会長などの主な団体・イベント
美しい国・日本の役割を果たす。
誠実な日本の
名誉会長 安倍昭恵 ごあいさつ
あれだけ「公」の場で発言や行動をしていれば、「公人」であるのは当たり前だ！

しかも安倍夫人には経産省から2人、外務省から3人も側近が同行している。税金が使われているのだ。
ぞろぞろぞろ
小林よしのりだって「公人」なのに、税金使って行動している人物がなぜ「私人」なのだ!?
わしより安倍夫人のほうが有名だろう!
森友学園の塚本幼稚園で、安倍昭恵が「名誉校長」として講演を行った際も、政府職員は随行していた。
教育講演
総理夫人は「公人」である!
私立小学校の名誉校長なんかになったら、広告塔としての威力は抜群である。
詐欺商法の広告塔になったタレントは社会的に非難される。
総理夫人・安倍昭恵だって同じだろう。
太陽光
ハッピーファンド
新興国通貨取引
政治家の関与なしには起こり得ない、森友学園の「国有地タダ同然払い下げ」に、総理夫人が果たした役割は大きすぎる。
森友学園の信用度を高めた効果は絶大だったからだ。
憲法学者の木村草太氏はこう言っている。
「内閣総理大臣夫人という肩書を使われている以上、公務と見る人がいてもやむを得ない。昭恵氏自らが国会や記者会見で説明する責任はあるだろう」
安倍昭恵先生
講演会

財務省近畿財務局
国有地は「売り払い」が原則だが、森友学園だけ要望に応え「借地」契約に。
その1年後、突然買取を申し出た学園に対し、評価額9億5300万円の土地を森友学園にだけ「地下のごみ撤去費用」として8億1900万円値引きして1億3400万円で売却。
しかもその後、さらに国は汚染土除去費用として1億3176万円を支払ったという指摘があり、そうなると森友学園だけ特別にたった200万円の負担で国有地を手に入れたことになる。
200万円
大阪府
大阪府は資金力ゼロの学校法人の小学校経営参入を認めていなかったが、一転して参入OKの規制緩和。
現在のところ、この規制緩和により、認可申請をしたのは森友学園だけで、事実上、森友学園だけのために行われた規制緩和となる。
さらに、大阪府の私学審議会が財務状況や教育内容を理由に認可保留とされたものを、わずか1か月後に覆すという、森友学園だけにしか例のない判断が下る。
近畿財務局と大阪府が、たまたま、それぞれ別に、森友学園だけに、何が何でも学校を開けるように便宜を図ったなんてことが、あるわけない。
誰がどう考えたって有力政治家が関与しなければ、こんなことは起こり得ない。

安倍晋三は国会で、森友学園の籠池理事長との個人的面識を否定していたが、昭恵夫人は講演の中で、こう語っている。
前々から塚本園長（籠池理事長）からは主人にもお手紙をいただいたり、電話で話をしていただいたり、
実際にもお会いしていただいたりしていました。
昭恵夫人から総理への「口利き」があり、総理が動いたからこそ、タテ割り行政の弊害を乗り越えて、官僚たちが森友学園のために動いたとしか考えられない。
2015年9月3日には安倍総理は、財務省の岡本薫明官房長（後の事務次官）と、森友学園が土地取得時に財務省理財局長だった迫田英典・現国税庁長官とで会談している。
その翌日の9月4日、大阪の近畿財務局9階会議室で、森友学園の小学校建設工事を請け負った設計会社所長と建設会社所長が、近畿財務局池田靖統括国有財産管理官、国交省大阪航空局調整係と会合を行っている。
同日、安倍総理は安保法制の審議が紛糾している真っ最中に、国会をサボって急きょ大阪に飛んでいた。
キーン
大阪では読売テレビに出演しているが、このテレビ局と近畿財務局は、車で10分の距離らしい。
緊急生出演
安倍に聞く①
さらに同日、国交省で、森友学園が設立を予定している小学校の校舎・体育館が選出され、6200万円にのぼる補助金の交付が決定した。
国土交通省
観光庁
そして翌9月5日に、安倍昭恵が大阪入り。
森友学園が設立する小学校の名誉校長就任の挨拶をしている。

この3日間は「忖度」のみでなく、総理の直接の関与が疑われる。
迫田英典と安倍昭恵は参考人招致ではなく、証人喚問が絶対に必要である。
安倍総理がそれを阻むなら、検察が動くしかあるまい。
検察庁
籠池理事長は「日本会議 大阪」の運営委員だという。
森友学園の教育に共感し、塚本幼稚園で講演をやったのは、竹田恒泰(2回)、渡部昇一、平沼赳夫、櫻井よしこら、天皇陛下への反逆者たち！
そして田母神俊雄、青山繁晴、曽野綾子、中西輝政、中山成彬ら、自称保守、自称愛国者のお馴染みの面々である。
「愛国心は、ならず者の最後の避難場所である」
18世紀のイングランドの文学者サミュエル・ジョンソンの言葉だが、こんなに説得力を感じる日が来るとは思わなかった。
彼らは全員、北朝鮮の洗脳教育が嫌いだったはずだが…
塚本幼稚園の園児に教育勅語を暗誦させ、安倍晋三・個人崇拝を唱和させる様子を見て、感動しているのだから異常である。
軍歌を歌わせたり舟木一夫の歌を校歌にしたり、「保守」とはかけ離れたアナクロ洗脳教育はもはやギャグである。

教育勅語は本来、祝祭日の式典等に、校長が奉読するもので、日常的に読み上げるような軽々しいものじゃなかった。
子供に暗誦させることについては、明治時代から論争があったのだ。
例えば1902年（明治35年）ジャーナリストであり思想家の**久津見蕨村《くつみけっそん》**は、こう書いている。
（教育勅語は）子供には能《よ》く分かるかどうか、甚だ請合《うけあ》れない。寺の小坊主が口拍手に乗ってダブダブと経文を読む。それを聞くと誠に偉《えら》いと感心する。けれども彼は唯読むだけだ。何にが書いてあるか一向知らない。小学校で子供が其可愛い口で御勅語を捧読するのは、之れと同類ではあるまいか。それでは何にもならぬ。如何に尊い教でも子供の頭脳へはいらなければ、何んの役にも立たない。
教育勅語の暗記暗誦教育は明治40年代から本格化していくが、その後も同様の論争は続き、「暗記暗誦は機械的であって教育的効果が薄弱である」「反復練習は教育勅語のありがたみを薄れさせ、ついには何とも感じなくさせてしまう」といった非難があり、当時の文部省が、暗記暗誦は勅語の精神を銘記するための「方便」だといった反論をしている。
問答無用で子供が教育勅語を暗誦させられたのは、せいぜい支那事変勃発から大東亜戦争までの間、全体主義的な「国家総動員」の戦時体制が敷かれた時代くらいに限られるのだ。
大政翼賛會

自称保守は「保守」でも
何でもない。
戦時中の
特殊な期間の日本を
勝手に美化している
「アナクロ極右」に
すぎないのである！
「アナクロ極右」は
日本の長い歴史のうち、
明治から昭和の敗戦までの
限られた時代を
「本当の日本」だと信じ込み、
なかでも特に昭和10年代の
戦時中を理想化している。
その狂った歴史観は、
そのまま天皇観にも
反映されている。
薩長藩閥は
錦の御旗をねつ造し、
天皇を担いで
戊辰戦争に勝ち、
明治政府を樹立した。
そこから「天皇は存在する
だけで尊い」というような
観念が出てきた。
政権にとっては、
天皇は自分の意思など
表明せず、
菊のカーテンの奥に
引っ込んで、
ただ存在するだけのほうが
使い勝手がよく政治的に
利用できるからである。

これが特に顕著になったのも
昭和10年代のことで、
天皇の意思は戦争を望んで
いなかったにもかかわらず、
軍部はそれを無視し、
天皇の名の下に戦火を
拡大させていった。
また、長い天皇の歴史の中には
女性天皇も女系天皇もおり、
これが否定されたのは
明治以降のことにすぎない。
欧米列強の帝国主義に
対抗するためには、
強い君主像を打ち出した
「武装せる天皇制」が
必要だった。
そして当時の日本は
「男尊女卑」の慣習が
「人民の脳髄を支配する」
と言われるほどの
状態だったことが、
女性・女系天皇を
否定した原因である。
「アナクロ極右」は、この時代遅れの
天皇観を今でも固守しようと
している。
だからこそ、高齢になると
全身全霊で公務に臨むことが
難しくなるので、
譲位を望むという
天皇陛下のおことばを聞いても、
「天皇は存在するだけでいい」
「公務など減らせばいい」と
退位にまで反対するのだ。
そして、このままでは
皇位継承が危うくなることが
明らかであるにもかかわらず、
女性天皇も女性宮家の創設も
認めないのである。

そんな不敬な
「アナクロ極右」から、
天皇陛下を守る
戦いの書が、
これだ！
2016年
（平成28年）
8月8日の
おことばを聞いて、
天皇観が
変わらない者は
「保守」ではない！
平成29年
天皇論
小林よしのり
23万部突破の『天皇論』に新たに100頁超を加筆した
最終決定版！
陛下を蔑ろにする逆賊は誰だ！
小学館
新規描き下ろし
100ページ超！
他誌からの収録
50ページ超！
旧版から収録した
章も徹底的に
再検討し、
修正を加えている。
例えば旧版では、天皇陛下が
学校の国旗・国歌について、
「強制でないことが望ましいですね」
と仰ったことについて、わしは、
「良識の強制」は必要なのではと考え
「わしは天皇のおことばに反しても、
日本の伝統を強制する悪役に
徹していこうと思っている」などと、
不敬な描き方をしていた。
わしは天皇の御言葉に反しても、日本の伝統を強制する悪役に徹していこうと思っている。
このコマは新版では削除し、
「天皇陛下の『強制でなく』は、
やはりその通りだったとしか
思えないようになっている」
「バランス感覚のない人間には
『良識の強制』なんて高度な
ことはできない。
『強制』といったら、ただちに
北朝鮮みたいなことを始めて
しまうのだ」と描き直した。
だがその一方で、天皇陛下の「強制でなく」は、やはりその通りだったとしか思えないようにもなっている。
大阪では卒業式で教師が本当に君が代を歌っているかどうか、校長が口元の動きをチェックして教育委員会に報告するなんて事態まで起きた。
バランス感覚のない人間には「良識の強制」なんて高度なことはできない。「強制」といったら、ただちに北朝鮮みたいなことを始めてしまうのだ。

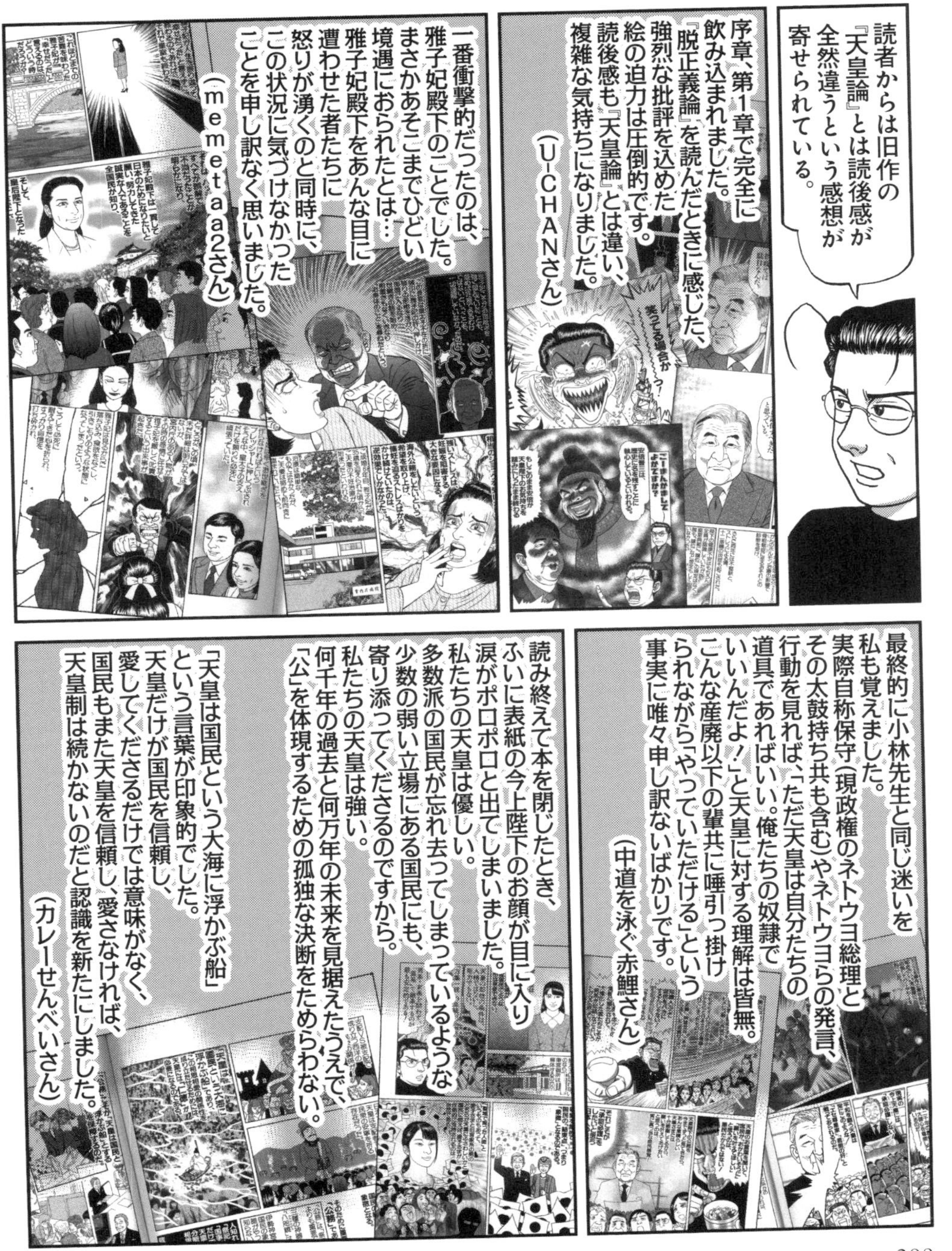
読者からは旧作の『天皇論』とは読後感が全然違うという感想が寄せられている。
序章、第1章で完全に飲み込まれました。『脱正義論』を読んだときに感じた、強烈な批評を込めた絵の迫力は圧倒的です。読後感も『天皇論』とは違い、複雑な気持ちになりました。（U-CHANさん）
一番衝撃的だったのは、雅子妃殿下のことでした。まさかあそこまでひどい境遇におられたとは…雅子妃殿下をあんな目に遭わせた者たちに怒りが湧くのと同時に、この状況に気づけなかったことを申し訳なく思いました。（memetaa2さん）
最終的に小林先生と同じ迷いを私も覚えました。実際自称保守（現政権のネトウヨ総理とその太鼓持ち共も含む）やネトウヨらの発言、行動を見れば、「ただ天皇は自分たちの道具であればいい。俺たちの奴隷でいいんだよ！」と天皇に対する理解は皆無。こんな産廃以下の輩共に唾引っ掛けられながら「やっていただける」という事実に唯々申し訳ないばかりです。（中道を泳ぐ赤鯉さん）
読み終えて本を閉じたとき、ふいに表紙の今上陛下のお顔が目に入り涙がポロポロと出てしまいました。私たちの天皇は優しい。多数派の国民が忘れ去ってしまっているような少数の弱い立場にある国民にも、寄り添ってくださるのですから。私たちの天皇は強い。何千年の過去と何万年の未来を見据えたうえで、「公」を体現するための孤独な決断をためらわない。
「天皇は国民という大海に浮かぶ船」という言葉が印象的でした。天皇だけが国民を信頼し、愛してくださるだけでは意味がなく、国民もまた天皇を信頼し、愛さなければ、天皇制は続かないのだと認識を新たにしました。（カレーせんべいさん）

自称保守(アナクロ極右)は今まで皇后陛下を虐めて失声症に追い込み、
そして宮内庁…両陛下が自分の訴えを…「ずゐせんの塔」を拝礼してくれたことを心から感謝し、「このことがなければ絶対に天皇を許さないと思っていたけど、それからは、心安らかになった」
そしてついに皇后陛下は心労から倒れ、失声症となられてしまった。
皇后さま倒れる
赤坂御所で談話中
1993年10月20日付夕刊
雅子妃殿下を虐めて適応障害に追い込み、
「適応障害」
強いストレスが原因で心身の不調に至る病気で、うつ病やPTSDのように直接生命に関わる程度には至っていないものをいう。
皇太子殿下を虐めて廃太子せよと叫び、
今は天皇陛下を虐めて「退位は許さん」「存在するだけでいい」と、人格・人権を無視し、「特例法で譲位せよ」と侮辱する。
「アナクロ極右」は実は天皇や皇族を虐待ばかりしている!
『天皇論 平成29年』のテーマは「我々に天皇を裁く資格はあるのか?」という問いである。
天皇陛下は二千年の歴史を背負いながら、さらに「新しい時代には新しい風が吹く」というバランス感覚を常に意識されている。
時代に抵抗して頑迷なアナクロニズムに陥ることなく、時代の中に日本人の魂(エートス)を残していく。
それが伝統を守る真の保守の立場である。

だが、「アナクロ極右」には
それがわからない。
明治以降、
特に昭和10年代の価値観
こそが伝統と妄信して
いるから、森友学園の
アナクロニズムな教育に
共感してしまうのだ。
うひょーーっ
おお〜っ
教育勅語！
何て素晴らしい
戦前教育か
〜〜〜っ！
園児ちゃんが
礼儀正しい
〜〜〜っ！
ちちん おもうに
こーわが
こーそー
くにを はじむる
こーと えんに
とくを たつる こと
そして彼らは、
時代と共に漸進している
天皇陛下の逆賊に
なってしまう！
退位させる
か〜〜っ！
摂政でいけ
〜〜っ！
存在するだけで
いい〜〜〜っ！
退位の意思を
示したら
憲法違反じゃ
〜〜〜っ！
もっともっと
ロボットになれ
〜〜〜っ！
公務を勝手に
増やすな
〜〜〜っ！
森友学園の醜聞は、
アナクロニズムに堕した
劣化した保守派の
象徴的な表れである。
ごーまんかまして
よかですか？
わしは天皇の
おことばによって
変わった！
変わるべきときには、
変わる勇気を
持たなければならない！
増補改訂版
天皇論
平成29年
小林よしのり
23万部突破の「天皇論」に
新たに100頁超を加筆した
最終決定版！
陛下を蔑ろにする逆賊は誰だ

森友学園とアナクロ極右

2017.5 平成29年

当時、安倍政権を揺るがした森友学園問題は
国有地不正取得を巡る疑惑だけではない！
ここに巣食っていた「保守カルト」こそが逆賊集団だった！

その後――

本作品を発表後、森友学園問題では公文書改ざんという前代未聞の不祥事が発覚。改ざんを命じられていた財務省近畿財務局職員・赤木俊夫氏が自殺するという事態にまで至った。

にもかかわらず、大阪地検特捜部は捜査対象のすべてを「不起訴処分」とした。土地の払い下げや公文書改ざんなどに関わったすべての人物は権力に守られた格好となり、事件の全容はうやむやにされてしまった。ただ、森友学園理事長、籠池泰典・諄子夫妻だけがトカゲの尻尾切りのように見捨てられ、詐欺罪で逮捕・起訴され、実刑が確定した。

学校法人森友学園は民事再生法を適用。籠池氏が開校を目指した小学校は今では廃墟と化し、無惨な姿を晒している。

「愛国教育」が問題となった塚本幼稚園は休園を命じられた。これに職員らが反発したため最終的には立ち退きの強制執行が行われ、建物は解体されて現在は跡形もなくなっている。

しかし、これで森友学園問題を「過去のもの」とすることはできない。

幼稚園児に対する狂気じみた「愛国教育」を手放しで称賛した「保守」言論人たちは、厚顔無恥にもそれを反省も総括もせず、知らぬ顔を決め込みながら、相変わらずの「アナクロ極右」の主張を続けている。この人たちは、まさに「保守カルト」と呼ぶしかない。なお、「保守カルト」は評論家・宇野常寛氏の命名である。

保守カルト・アナクロ極右は、自らの言説の誤りがどれだけ明らかになっても、決して反省しない。劣化し尽くし、アナクロニズムの極致に達し、思想的に完全に死んでいるのに、それでもうごめき続ける「ゾンビ」のような存在である。

そして、これが今も強硬に「皇位継承の男系男子維持」を唱え続けている。

皇位の男系男子限定も、教育勅語も、明治に始まったものであり、「伝統」としてはむしろ新しいものであるということくらいは、歴史を少し勉強すればすぐわかるはずなのだが、保守カルト・アナクロ極右にはこれが理解できない。なぜなら、少しも勉強しないからだ。

歴史を勉強しなければ、人は自分が生まれる前から続いているものはすべて、太古から続いている伝統だと錯覚してしまうものなのだ。

そんな怠惰な人間たちの錯覚によって、皇統を断絶させてしまっていいはずがない。

一連の森友学園を巡る事件では、詐欺などの罪で起訴された元理事長・籠池泰典氏が懲役５年、妻の諄子氏が懲役2年6月のそれぞれ実刑判決が確定した。「瑞穂の國 記念小學院」が開校予定だった場所には敷地内にフェンスが張り巡らされ、「国有地」と書かれた看板が掛かっていた［写真 共同通信社］

ゴーマニズム宣言
SPECIAL
愛子天皇論

第17章 皇室典範「特例法」の問題点

自民党が「女性宮家」の創設を「検討」するとして、2017年のGW前後に天皇退位のための「特例法」案を提出するらしい。
「特例法は典範と一体をなす」と皇室典範の「付則」に書き、憲法違反の疑いを払しょくするという。
付則に根拠を置き、今回の天皇陛下のご退位が「先例となりうる」という言葉を与党から引き出しましたので、それなら事実上〝一代限りではなくなる〟ということです。
我々がずっと提唱してきた〝女性宮家の創設〟が、具体的な言葉として記載されています。今後は1年を目処に結論を出すように主張していきたい。
民進党・野田幹事長
だが、「検討」は永田町・霞が関では何もしないことと同義語らしい。
安倍政権は女性宮家をまた先送りにする可能性が大きい。

一体なぜ民進党は与党と合意してしまったのか？
それを説明しておく。
もし野党第一党の民進党が最後まで典範改正を主張して譲らなかったら、国会合意は成立せず、結論のない「両論併記」の見解が政府にわたされる。
そうなったら最悪だ。政府の裁量で安倍晋三の思い通りの法案がつくられてしまう！
逆賊・安倍政権にフリーハンドを許すことは絶対にできないというギリギリの戦いだったのだ。
権力が絶大なら野党は一致して戦うしかない。
何しろ天皇陛下の意向すら平然と踏みにじる権力が登場したのだから。
だが、共産党があっさり自公に譲歩したために、民進党が「孤立」した格好となってしまった。
結局、小池晃はわしを裏切ったのだ。
元々、天皇制には何の思い入れもない共産党だから、仕方がないのかもしれない。
驚いたのは小沢一郎の自由党だ。
議長案については、2016年（平成28年）8月8日の天皇陛下のおことばを忖度しているとは言えない。
民進党よりもはるかに強硬に皇室典範改正を主張し、合意に反対したのだ。
もちろん小政党だからできたことかもしれんが、一貫して皇室典範の改正を主張し、国会合意に加わらなかった政党が存在している意味は大きい。
女性宮家の創設を含む皇室典範の改正の議論を進めるべき。

この国会合意でもっともおかしいのは、「天皇の退位の要件」が明示されていないところだ。
民進党は、神道学者・高森明勅氏が提示した「3要件」を主張した。
①天皇の意思に基づく。
②皇嗣が成年に達している。
③皇室会議の議を経る。
ところが特に①に対して、「天皇が国政に関する権能を有しないと定めた憲法4条に違反する」と、与党が強く反対したのだ。
信じられない！「天皇の意思に基づく」退位は許されないとは、一体どういう了見だ？
「天皇の意思に基づかない」退位が許されたら、「強制退位」になってしまうではないか！
天皇が退位したくないと言ってるのに、時の政権が強制的に退位させることができるのだ！
無茶苦茶である！
憲法4条に言う「国政に関する権能」とは、天皇自身が、「この大臣の任命には反対だ」とか、「今の衆議院は解散するしかない」などと発言したり、具体的な政策に注文をつけたりすることだ。
実際、国事行為以外の公的行為は、天皇陛下自らの意思に基づき、内閣の責任において行われているではないか！

被災地などへのご訪問も、天皇陛下のご意思によるものだ！
与党の言うように、「天皇の意思に基づく」行為が「国政に関する権能」だと言うなら、これも「憲法違反」になってしまう。
「天皇が自分の意思で、被災地を訪問したことに影響され、被災地支援の政策が推進されたら、天皇が『国政に関する権能』を行使したことになる」なんて屁理屈が成り立ってしまうのか？
ましてや、天皇陛下が自分の進退を自分で判断することが、どうして「国政に関する権能」になるのか？
そもそも、「国政に関する権能を有しない」天皇の地位を譲ることが、なぜ「国政に関する権能」になるのか!?
バカが度を超している。
こんな憲法解釈は、実は現行憲法をつくったGHQでさえ考えてなかった。
占領軍は、イギリスのように「立憲君主たれ」と要求し、「象徴」という言葉も、イギリス国王をイメージしてポジティブに使っていた。
決して「ロボットになれ」とは言ってない！

実は意外なことに、「天皇は象徴にすぎない」というネガティブな言い回しを始めたのは、戦後の左翼憲法学者なのである！
宮沢俊義
戦後憲法学の始祖、宮沢俊義は、天皇を「盲判を押すロボット」と言い切った。
このGHQよりすごい極左解釈は、戦後の憲法学の主流になってしまいなんと、八木秀次もこれに感化されている。
自民党も内閣法制局も、宮沢憲法学の猛毒に冒されてしまっているのだ！
ガシャン
ガシャン
当然、共産党は宮沢憲法学に冒されているから、「国政に関する権能」を拡大解釈する自民党に大賛成して、天皇の意思を封じ込め、ロボットにしようとする。
安倍政権は宮沢憲法学に洗脳された極左なのだ！
保守を自称する言論人もほとんどが極左にまで劣化して陛下にタテついている。
基本的人権のほとんどを奪われた存在である天皇が、自らの進退すら自分で決められないのであれば、確かにロボットであり、奴隷のような存在になってしまう。
現在の保守派・右派には、もはや「承詔必謹《しょうしょうひっきん》」なんて言葉はまったく通じない。
ロボットの意思なんか「忖度」しなくていいから安倍晋三の意思をこそ「忖度」せよ、となっている。
天皇をロボット化し政権が政治利用できる存在にしたいという思惑で自民と公明は一致した。

そしてその思惑は、天皇制廃止に向け、天皇の意思を極力縮小・消滅させたいと願う共産党と一致してしまうのだ！
今上天皇が嫌いだから、憲法の極左解釈を支持する！
権力にしがみついていたいから、我々の不利にならんことなら何でも自民党に賛成！
天皇の意思や人権より現憲法の極左解釈のほうが大事！
天皇をデク人形にしたいという一致した目的の下、極右と創価と極左が手を組むという日本の歴史上、例を見ない共闘が、ここに成立したのである！
憲法第2条に、皇位継承は「国会の議決した皇室典範の定めるところにより」と明示されているにもかかわらず、安倍政権は「特例法」のみで、今上陛下「一代限り」の退位にしようとしていた。
これでは「憲法違反の退位」となり、今上陛下は「一代限りの例外的天皇」になってしまう。
民進党がこれに反対し、自民党が妥協して、皇室典範の付則に、特例法と典範が「一体をなす」と明記することで、方便ではあるが、憲法違反を回避する形式となった。
さらに、安倍晋三は、付則に「今上天皇」と明記することに、こだわっていたが、それでは「一代限り」という意味が明確になってしまう。
そこで「今上」を外し、退位の先例となるニュアンスを出すことになったのである。

自民党の
とりまとめ役の
高村正彦副総裁は、
こう言っている。
誤解を受けない
ように、今後は
一代限りという
言葉は使わない。
そして、民進党が求めた
「1年以内」という期限は
受け入れられなかったが、
女性宮家創設を含む
皇位継承問題を
「検討」することも入った。
「検討」では心もとないが！
だが、これを基にして、政府が
どんな法案をつくってくるかは、
まったく予断を許さない。
何しろ安倍晋三は、
高村の説得に対して、
「退位が例外ということは
はっきりするように
してください」
「本当は女性宮家云々も
ないほうがいいんですけどね」
などと渋り、嫌々ながら
国会合意を受け入れたのだ。
まさに逆賊中の逆賊である！
さらに民進党が主張した
天皇退位の「3要件」のうち、
自公は③の「皇室会議の議を経る」
にも難色を示している。
退位の3要件
①天皇の意思に基づく
②皇嗣が成年に達している
③皇室会議の議を経る
皇室会議のメンバーは、
皇族2人、衆議院議長及び副議長、
参議院議長及び副議長、
内閣総理大臣、宮内庁長官、
最高裁判所長官及びその他の裁判官1人、
以上10名である。
このメンバーが天皇の退位の
意向を、妥当かどうか、
議論すればいいではないか！
そもそも皇室会議は、
「皇位継承順位の変更」や
「摂政の設置」などの決定に関わる。
国会で退位の問題を議決すると、
天皇の「重大な事故」、精神の病などを
国民の前に生々しく晒すことになる。
「強制退位」も「恣意的退位」も防ぐには、
皇室会議の議を経るのがベストである！

天皇の退位に当たって、天皇の意思を封じ、皇室会議の議も経ないとなると、
安倍政権は、将来の天皇の「強制退位」に道を開く逆賊としか言いようがない。
まさに共産党とまったく同じ極左思想の政権に堕してしまった!
こんな政権下でつくられる「特例法」が、どんなものになるのか、実に不安だ。
引き続いて民進党に頑張ってもらうしかない。
極左・宮沢憲法学に洗脳されていない保守政治家は、民進党に多いのが実情なのだ!
自民党には石破茂氏と船田元氏くらいしかいない。自由党も極左憲法学には洗脳されていないようだ。
天皇陛下は自らのご意思で、「象徴」とは、どうあるべきかを考えて、公務をなさってこられた。
積極的・能動的に、古代から天皇がなさってこられた「国見」こそが、現代の「公務」に当たる。
そのありがたさをわしの著書で気づいてほしい。
天皇
平成29年
小林よしのり
23万部突破の『天皇論』に新たに100頁超を加筆した
最終決定版!
陛下を蔑ろにする逆賊は誰だ!
小学館
ごーまんかましてよかですか?
天皇陛下のご意思を奪い、ロボット天皇にしようとする、極右・極左連合軍を絶対に許すな!
天皇と国民の相思相愛こそが日本の国体である!

皇室典範「特例法」の問題点

2017.6 平成29年

本来「法改正」が必要だったご譲位が「特例法」で行われることになった。
そこに懸念されるものは大きかったのだが……

その後——

やはり本章で描いた懸念は的中し、当時の安倍政権は皇位の安定継承に関する議論を果てしなく先送りしてしまった。

わしは与野党を問わず多くの政治家に期待をかけたが、「政治家に期待してもムダ」という結論に至らざるを得なかった。ほとんどの政治家は、票にもならない皇統問題など何の関心もなかったのだ。

わしはかつて、読者に対して「プロになれ」「良き観客であれ」と言っていた。どのような分野にも確固としたプロの世界があり、プロ以外の人はそれを「良き観客」として見守っていればいいというのが理想の社会だと思っていたのだ。

ところが、実際には「プロ」なんかどこにもいなかった。コロナ禍にしても、「専門家」と呼ばれる医者や学者が、素人のわしが描いた『コロナ論』（扶桑社＝初版1巻2020年8月24日 シリーズ全5巻）のレベルに達しておらず、知識も教養もないのでインチキなことばかり言っていた。

政治の世界などなおさらで、必要最低限の知識すら持ち合わせていない者も多く、自ら勉強もしないので思考停止に陥り、気がつけば男系固執派だらけになっている有様だった。

そこでわしは長年の主張を根本から変え、読者に向けて「誰もが表現者になれ！」と呼びかけた。

もうプロもアマもない。むしろわしの読者ならば、皇統問題に関する知識はすでに男系固執派の政治家や言論人などを、とっくに凌駕しているはずだ。だから一人ひとりが、バカなことを言っている連中を徹底的に論破しろと言ったのだ。

これを受けて読者たちは、各自SNSや、ゴー宣道場・公論サポーター有志によるwebサイト「愛子天皇への道」を通じて「論破祭り」を開始し、わしの予想を遥かに上回る成果を上げ始めた。

男系固執派など自称保守派もSNSで意見を発信しているが、みんな判で押したようなコピペ文章で、いくら頭数だけ多くても全然効果を感じない。

だが、「論破祭り」は一人ひとりが違っているから、リアルな人間の数とその意思を感じ、これが批判される側にとっては相当のプレッシャーになる。

今まで男系派が言いたい放題できたのは、単に双系派が大人しくしていたからで、いざ双系派の公論戦士が沈黙を破ったら、男系派はたちまち何も意味のあることが言えなくなってしまった。

このムーブメントが無視できないほどのものになり、これこそが理論的に正しく、国民の大多数が納得する意見であるとなれば、政治家なんか簡単に動かせるものなのだ。

愛子天皇への道
Princess Aiko. Path to the throne.
天皇陛下のお子さまである愛子さまが天皇になれないって、オカシイ！「愛子天皇への道」は、愛子さまに心を寄せる人達が集い、次代の天皇になっていただくことを目指すサイトです。

Webサイト「愛子天皇への道」
https://aiko-sama.com/

ゴーマニズム宣言SPECIAL
愛子天皇論
第18章

眞子さま婚約、最後の賭けか？

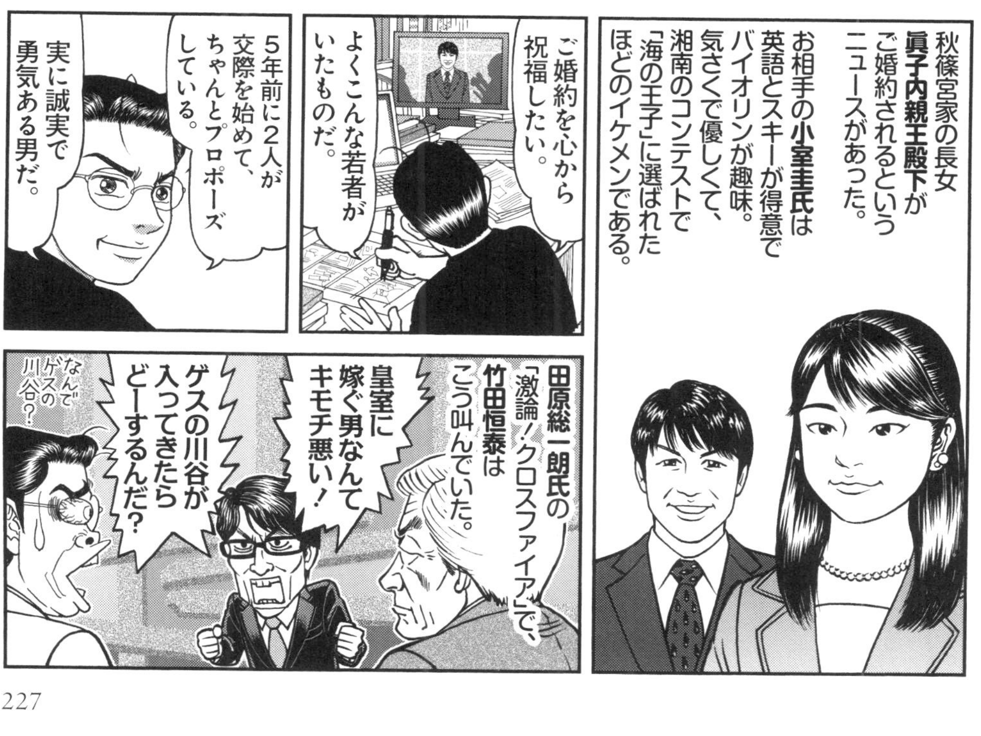
秋篠宮家の長女眞子内親王殿下がご婚約されるというニュースがあった。
お相手の小室圭氏は英語とスキーが得意でバイオリンが趣味。気さくで優しくて、湘南のコンテストで「海の王子」に選ばれたほどのイケメンである。
ご婚約を心から祝福したい。
よくこんな若者がいたものだ。
5年前に2人が交際を始めて、ちゃんとプロポーズしている。
実に誠実で勇気ある男だ。
田原総一朗氏の「激論！クロスファイア」で、竹田恒泰はこう叫んでいた。
皇室に嫁ぐ男なんてキモチ悪い！
ゲスの川谷が入ってきたらどーするんだ？
なんでゲスの川谷？

だが「海の王子」小室氏はゲスではないし、眞子さまが女性宮家の第1号となって、小室氏が皇室に入ってきても、国民は大いに歓迎するだろう。間違いない！
それを嫌がるのは、男系固執カルトだけ。竹田恒泰は、発狂して、何をやらかすか、わからない。
ゲスの川谷がキターーーッ！
しかし国民は、竹田が皇族になるほうがよっぽどイヤがるに違いない。
え～コ？ゲスの竹田が～～～～コ!?
何しろ男系カルトの者たちですら、「竹田恒泰を皇族に」と誰も言わないのだから！
男系血脈より、人格のほうが大事だと直感しているのだろう。
しかし男系カルトは、小室氏が皇族になることを最大限に恐れ、何としても眞子さまを追い出したいらしい。
案の定、さっそくこんなことを言い出した。
このタイミングでの婚約のご意向発表は、眞子さまご自身が女性宮家の創設に反対のご意向を持たれ、少なくとも「私は女性宮家の当主にはなりません」「皇室から出ます」というメッセージの意味を持つものではないかと思います。
八木秀次
相変わらず、自分に都合のいい頓珍漢《とんちんかん》なことばかり言う奴だ。
もし本当に眞子さまが皇室を出るつもりなら、すべて天皇退位特例法の件がすべて終了してから発表したはずだ！
天皇退位特例法では、安定的な皇位継承を確保するための「付帯決議」の内容が焦点となっていた。

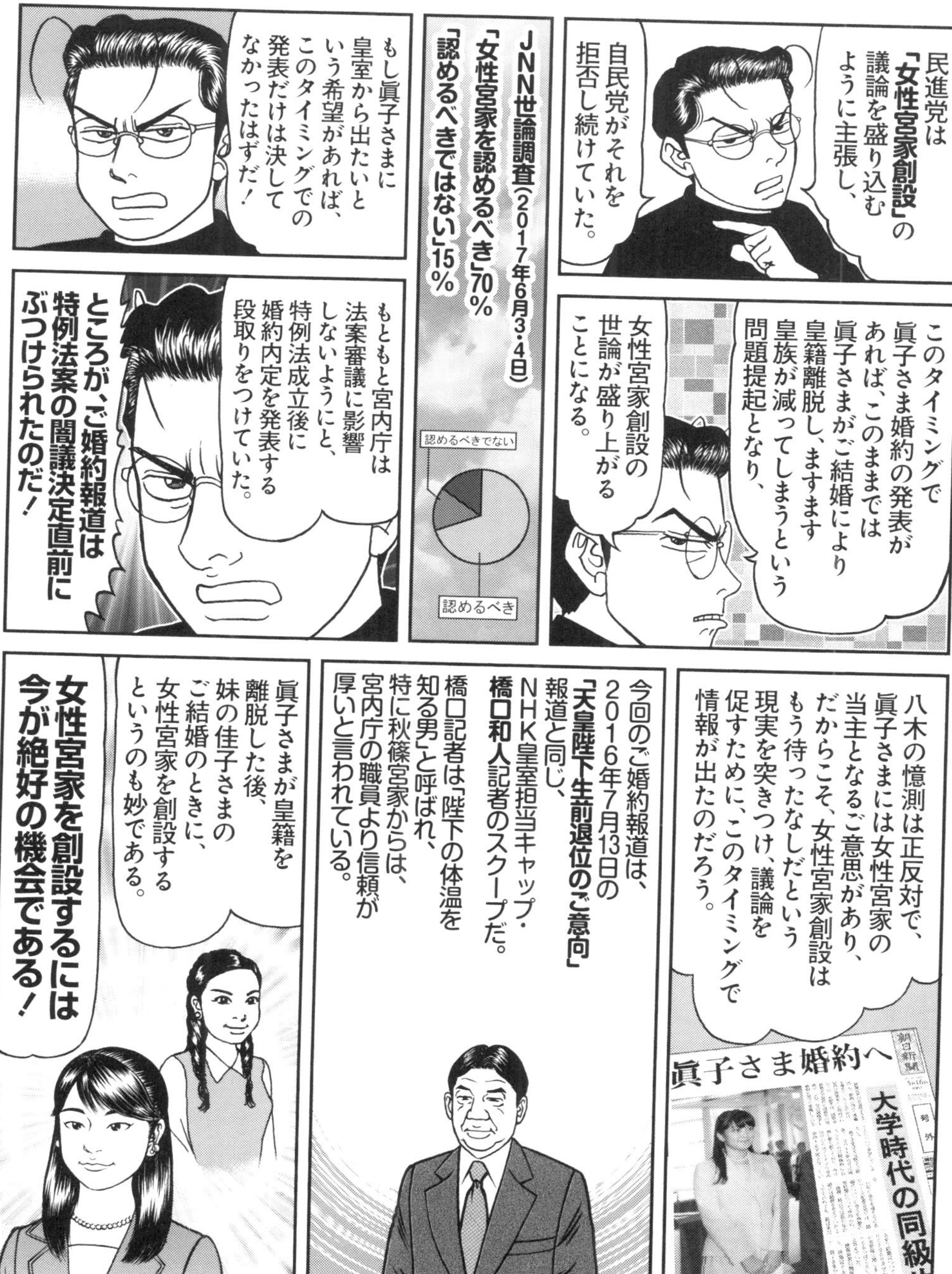
民進党は「女性宮家創設」の議論を盛り込むように主張し、
自民党がそれを拒否し続けていた。
JNN世論調査（2017年6月3・4日）「女性宮家を認めるべき」70%「認めるべきではない」15%
認めるべきでない
認めるべき
もし眞子さまに皇室から出たいという希望があれば、このタイミングでの発表だけは決してなかったはずだ！
このタイミングで眞子さま婚約の発表があれば、このままでは眞子さまがご結婚により皇籍離脱し、ますます皇族が減ってしまうという問題提起となり、
女性宮家創設の世論が盛り上がることになる。
もともと宮内庁は法案審議に影響しないようにと、特例法成立後に婚約内定を発表する段取りをつけていた。
ところが、ご婚約報道は特例法案の閣議決定直前にぶつけられたのだ！
八木の憶測は正反対で、眞子さまには女性宮家の当主となるご意思があり、だからこそ、女性宮家創設はもう待ったなしだという現実を突きつけ、議論を促すために、このタイミングで情報が出たのだろう。
朝日新聞
眞子さま婚約へ
号外
大学時代の同級生
今回のご婚約報道は、2016年7月13日の「天皇陛下生前退位のご意向」報道と同じ、NHK皇室担当キャップ・橋口和人記者のスクープだ。
橋口記者は「陛下の体温を知る男」と呼ばれ、特に秋篠宮家からは、宮内庁の職員より信頼が厚いと言われている。
眞子さまが皇籍を離脱した後、妹の佳子さまのご結婚のときに、女性宮家を創設するというのも妙である。
女性宮家を創設するには今が絶好の機会である！

そんな明確な意図の下、天皇皇后両陛下、皇太子・秋篠宮両殿下、それに眞子さま本人のご意向を受け、
2016年7月に続いて今回も秋篠宮殿下が橋口記者に働きかけ、このタイミングでのスクープになったのだろう。
独自 眞子さまご婚約へ
大学時代の同級生と約5年前に知り合い…
そして、その報道を伝え聞いた安倍晋三は、「またか！」と怒りを露わにしたという。
皇室の慶事を聞いて喜びもせず、怒った日本人などほかにいるだろうか!?
さすがは尊皇心皆無の逆賊だ。
眞子さまと小室氏は、一部報道によれば2012年6月頃に出会い、その年のうちに小室氏がプロポーズしたという。
それが正しければ、この期間は野田政権が女性宮家創設に向けて動いていた真っ最中であり、
小室氏は眞子さまが女性宮家の当主になる可能性があることも承知のうえで、交際を始め、プロポーズしたことになる！
その後、小室氏はご両親の秋篠宮ご夫妻に紹介されて交際が認められ、天皇皇后両陛下にも報告されていた。
それなのに4年以上もご結婚に至らないまま、秘密裡に交際が続けられたのは、なぜだろうか？
2012年暮れに政権を奪取した安倍晋三がいち早く女性宮家創設を白紙に戻し、その後、頑なに議論にフタをしてきたからだ。

女性宮家創設が白紙に戻されたとき、両陛下の落胆ぶりは、凄まじいものだったという。
安倍晋三は、なぜ天皇の苦悩をわかってやらないのか!?
眞子さまと小室氏を4年以上も宙ぶらりんの状態で交際させていたのだから、こんな残酷な話はない。
もうこれ以上延ばすことはできないと判断して、ご婚約報道に至ったのだということも疑う余地はない。
民進党が今回のご婚約報道に際して「女性宮家創設」を主張したら、
与党側は「政治利用は慎むべき」と言い出した。
ふざけたことを言うな！
女性宮家を創設することで民進党に何の政治的利益がある？
むしろ安倍政権こそが、沖縄の「屈辱の日」4月28日を「主権回復記念日」として祝う式典に、天皇皇后両陛下を臨席させたり、
アメリカに媚びるために「1か月ルール」を無視してオバマを国賓招待し、両陛下をオバマの宿泊先のホテルまで出向かせたり、
東京オリンピック招致のために高円宮妃久子さまをIOC総会に出席させたり、
天皇・皇族の政治利用をしまくりではないか！

さらに言えば、安倍政権の
「女性宮家創設反対」こそが、
日本会議など
男系カルトの支持層を
確保したいという
「政治的利益」が
目的じゃないか！
女性天皇反対！
天皇退位反対
女性宮家反対
小泉政権下で検討された
女性・女系天皇と
女性宮家創設こそが、
天皇陛下の悲願である！
男系固執は
原理主義であって
伝統ではない！
伝統とは
エートス（魂）を
残すための
平衡感覚のこと。
天皇陛下だけが
二千六百年の伝統を
体現されているのだ！
だが、もちろん眞子さまを
縛ることはできない。
皇族は国民の奴隷ではない。
結婚は個人の自由であり、
もしも眞子さまご自身が民間に
下りたいというご意思をお持ちなら、
それは誰にも止められない。
眞子さまが幸福になる道を
選んでいただきたい。
ただし、その場合は
「準皇族として
公務を分担して
もらう」というのは
許されない欺瞞《ぎまん》
である。
眞子さまが一般国民に
なったら、職業選択の
自由がある。
民間人になっても特定の
職務を強制されるなど
いうことは、あってはならない。
皇室から去れ！
だが公務はやれ！
こんな虫のいい要求を
していいわけがない。
眞子さまの次は佳子さま。
その次は愛子さまと
民間に下っていけば、
あとは男系男子を皇族に
入れられるとほくそ笑んで
いる者がいるのだろうが、
誰も見たことも、
会ったこともない
幻の男系男子である。

竹田恒泰が「いる」と言っているのだが、わしは「いるいる詐欺」だと思っている。ひょっとしたら竹田は皇室解体を企む左翼なのかもしれない。自称保守の連中はみんな騙されているのだろう。
いるいる！いっぱいいる！
記者会見は絶対しない！
国家がなって下さいと頼めば現れる。
続々現れる！
見たことも会ったこともない「雪男」のような存在をよく信じられるものだ。
わしは竹田なんかより天皇陛下を信じる！
天皇陛下の退位に関する特例法案の『付帯決議』では、「安定的な皇位継承を確保するための諸課題」「女性宮家の創設」などについて、「先延ばしすることはできない重要な課題」と指摘し、特例法の〈施行後〉、速やかに検討を行う」よう政府に求めている。
〈施行後〉ではマズいのだ！
民進党は「特例法の〈成立後〉1年を目処に検討する」よう主張した。〈成立後〉と〈施行後〉ではまったく違う。〈成立後〉ならば、直ちに検討を開始し、1年後の2018年6月頃までには結論を出すということになる。
2018年
6月
ところが〈施行後〉なら、特例法の施行日は天皇陛下が退位される日で、今のところ2018年12月とか2019年3月とか言われているから、検討が始まるのが早くても1年半後になってしまう。
これでは眞子さまのご結婚には間に合わず、眞子さまは民間に下るしかなくなる！
しかし民進党の馬淵澄夫議員は法案可決に際して、衆院議院運営委で、菅義偉官房長官から、「法施行後の具体的な検討に向けて適切に対応したい」との答弁を引き出した。
法施行前に検討始めるべきだ！
検討に向けて適切に対応したい。

これは決定的に重要で、答弁書に、「法施行後の具体的な検討に向けて」と、この「向けて」の3文字を入れることで、現実に女性宮家の議論を明日からでも国会で始められるのだ！
安倍政権はこの期に及んでいまだに女性宮家創設を妨害している。
今の天皇から600年も離れた男系男子を盲信して。
女性皇族なんかさっさと全員民間に下らせてしまえばいい！
そうすれば会ったこともないが旧宮家系から降って湧いてくる！
一国の総理が確認もせず、そう思い込んでいる。
天皇の逆賊となって腹を切る覚悟もなく。
AbemaTVの、みのもんたの「よるバズ！」という番組で竹田恒泰は、こう言い放った。
小林さんと私は身分は同じだが、
血統が違う！
思わず自分の耳を疑った。
自分は下々の者とは違う、高貴な血統と思っているらしい。
一般国民と、同じ身分と見られることが嫌なんだろう。
ごーまんかましてよかですか？
国会議員が、いつまで「いるいる詐欺」に騙されて、皇室解体の道を突っ走っているんだ？
天皇陛下の願いを叶えろ!!

眞子さま婚約、最後の賭けか？

2017.8 平成29年

この時点では、間違いなく「慶事」だった。
それが大衆の狂気に踏みにじられるとは、思いもよらなかった……。

その後――

本章に描いたとおり、この時点においては新たに女性宮家が創設され、そこへ小室圭氏が「婿入り」するプランがあった可能性が高く、もしそうなっていれば、皇統断絶の危機は大きく後退していただろう。

しかし現実は、周知のとおりまったく逆の、最低最悪の経緯を辿った。

当初は好意的だったマスコミ・大衆が空前の猛バッシングに転じ、女性宮家を創設して小室氏を迎えるどころではなくなってしまったのだ。

そもそも、小室氏には何の落ち度もなかった。

小室氏の母親の「元婚約者」が、交際中に貢いだお金が惜しくなって、借用書も何もなく、裁判に訴えても絶対勝てないのに「あれは貸したカネだ、返せ！」と言いだし、これを『週刊現代』（講談社）がスキャンダル記事に仕立て上げ、ほかのマスコミも寄ってたかって煽りまくったのだ。

大衆はこのセンセーショナリズムに完全に乗っかった。大衆は、お二人がいかに純愛を貫こうと、小室氏がいかに優秀であろうと関係なく、ただ「身分違いの恋」が破局し、不幸になる姿が見たいと舌なめずりしたのだ。

そして、一連のバッシングを竹田恒泰や男系固執派の者たちが大いに煽りまくっていたことは、特に強調しておく。

マスコミ・大衆は「門地による差別」が大好物だ。

もしも小室圭氏が「名家」の出だったら、たとえ本人が借金をしていようと、浮気をしていようと、マスコミ・大衆は叩かなかっただろう。

だが、母子家庭に育ち、男が母親に貢いだカネで大学に行ったような貧乏人が内親王と結ばれるとなると、

さようなら、
小室圭さん
「国外追放」
紀子さま
6通のメールを公開します
小室母と圭くんが私に送ってきた
「労働者」の言葉に圭さんは
独占激白 120分
「小室さん親子が私に突きつけた手紙」
400万円騒動の元婚約者
報道後も連絡は一切ない
眞子さまが
「サーヤ」黒田清子さんとの

小室圭さんの母親と元婚約者の間で起きた金銭トラブルは当時、メディアスクラムの様相を呈していた。なかでも『週刊現代』は、最初に元婚約者の独占インタビューを掲載。その後、同誌の記者が「代理人」として暗躍するなど歪な関係も問題視され、批判の声が元婚約者側にも向けられることに

嫉妬の念が湧いて、集団ヒステリーにまで発展してしまったのだ。

その結果、眞子さまは複雑性心的外傷後ストレス障害（PTSD）を発症され、ご結婚に伴う儀式もできず、一時金も受け取れず、追われるように日本を離れていった。マスコミ・大衆による集団リンチがそうさせたのである！

マスコミ・大衆は一連の騒動について、事ここに至っても一切総括も反省もすることなく、すべての責任を小室氏に転嫁した。

そして週刊誌には、小室氏を「悪しき前例」扱いし、「その轍を踏まないように」として、愛子さまのご結婚相手には「今度こそ良い家柄の男性を」と唱える、

「門地による差別」をむき出しにした記事が続々と掲載されるようになる。

しかし、天皇や皇族方には、門地による差別の意識などまったくない。

今から64年も前、皇太子時代の上皇陛下が、それまで皇太子の結婚相手は皇族もしくは一部華族の家の者に限られていた慣習を破り、「平民」であった正田美智子さん（現在の上皇后陛下）とご結婚し、門地による差別を撤廃されたのだ。

当時、右翼や旧華族団体は猛反対したが、上皇陛下は意志を貫かれた。その決断が正しかったことは、もはや議論の余地すらない。

天皇陛下も、秋篠宮殿下も、ご結婚相手の「家柄」を考慮することはなく、ただ人格だけでお選びになった。愛子さまも同じようになさるのは間違いない。

だが、もしも愛子さまが自由恋愛で自らの結婚相手を選び、それが「平民」の男性だったらどうなるか？

おそらく、眞子さまのときに起きたことが再び繰り返される。マスコミが相手の男性について「スキャンダル」をでっち上げ、大衆がこれに乗ってバッシングしまくって、「破談」に追い込もうとするだろう。

これは重大な問題である。

仮に女性・女系天皇が認められ、愛子さまが皇太子になっても、それで皇統の危機が去るわけではない。

愛子さまのお相手選びには本人の意思を認めず、「名家」の男をあてがえ！　などという大衆がいる限り、愛子さまのご結婚は著しく困難になる。それは悠仁さまのご結婚についてもまったく同様である。

たとえ愛子皇太子が実現できても、愛子さま、そして悠仁さまがご結婚できなければ、それで皇統は絶えてしまうのだ。

大衆の「門地による差別」が大好きという意識こそが、皇統を断絶に導くかもしれないのである！

ゴーマニズム宣言SPECIAL
愛子天皇論

第19章 雅子皇后への眼差しの変化

2019年11月10日、天皇陛下の御即位を祝うパレード「祝賀《しゅくが》御列《おんれつ》の儀」が行われた。
沿道で祝福した人々の数は11万9000人。29年前の上皇陛下の御即位の際の11万7000人も上回った。
パレードを観た人からは「雅子さまが笑顔で元気な姿でいらして、とても安心しました」との声も多く上がった。
パレード中、皇后陛下が目を潤ませたご様子で、目頭を押さえる仕草をされたことから、「いろいろ苦労をされてきたけど、それをお二人で乗り越えてこられたんだなぁと勝手に想像したらこちらまで涙が出た」といった声もあった。

今でこそ、雅子皇后陛下には祝福一色となっている。
だが、忘れてはならない。雅子さまは20年以上にわたって心ない大バッシングにさらされてきた。
そのバッシングは皇后となられることが確定してようやく止んだのだ！
女性の読者が多い『週刊文春』(2013年6月13日号)のアンケートでは、「雅子さまと紀子さまのどちらが皇后にふさわしいか」の回答として、「雅子妃38%」「紀子妃62%」だった。
皇后にふさわしいのは「雅子妃38%」「紀子妃62%」の衝撃
雅子さまと紀子さまのどちらが皇后にふさわしいか
無礼なアンケートだが、女性の読者の6割が紀子妃を選んだのだ。
今では数か国語を話せる雅子皇后さまの外交官のキャリアの威力が、テレビで映し出され、国民の瞠目を誘って、「誇らしい！」「さすがだ！」と肯定的な評価に一転してしまった。
だが、雅子皇后さまをバッシングしてきた連中は、誰一人謝罪しないし、『週刊文春』は今では紀子妃バッシングに精を出している有様だ。
……
……
……
……
皇太子殿下(今上陛下)はかつて、外務官僚だった雅子さまにプロポーズする際、こうおっしゃったという。
外交という分野では、外交官として仕事をするのも、皇族として仕事をするのも、国を思う気持ちに変わりはないはず。
雅子さまは責任感と使命感が非常に強く、日本のためになろうと努力し続けてきた女性であり、政府サイドも「皇室外交を積極的にやっていただく」と約束したとされる。

妊娠するか否かは男の側に原因がある場合が多い。女だけに原因があるのではない。これはもう常識です。そもそも日本人男性の精子は激減している。

ところが、宮内庁が皇太子妃となられた雅子さまに求めたことはただ一つ、「男の子を産むこと」だけだったのだ!
いくら望んだとて、望んだ通りに妊娠・出産ができるわけではない。
また、不妊の原因は女性にのみあるわけではない。
たったこれだけのことを当時の宮内庁はまったく理解していなかった。
当時の宮内庁長官と東宮大夫は雅子さまを「子づくり」に専念させるため、雅子さまの外遊を禁じ、東宮に閉じ込めてしまった。
閉じ込めておけば子供を授かるというものではなく、むしろ自由のないストレスの多い生活では、かえって懐妊しにくくなる。
宮内庁はそんなこともわからず、子供ができないのは、つくる気がないからだと本気で信じていた。
宮内庁長官は皇太子不在の折に雅子妃の居へ押しかけ、怒りの形相を浮かべ…
部屋に入るなり世継ぎの話を始め、前置きもなくいきなり「お身体のこと」を尋ねた。
一人の女性が夫婦間のことなどを他人に軽々しく言えるはずがないということすら長官は一切考えていなかった。
雅子さまは羞恥心と驚きで複雑なお気持ちになったという。
宮内庁は東大病院における不妊治療の権威を宮内庁病院に招聘し、検査や不妊治療を受けさせた。
検査の結果、雅子さまには何の問題もなかった。

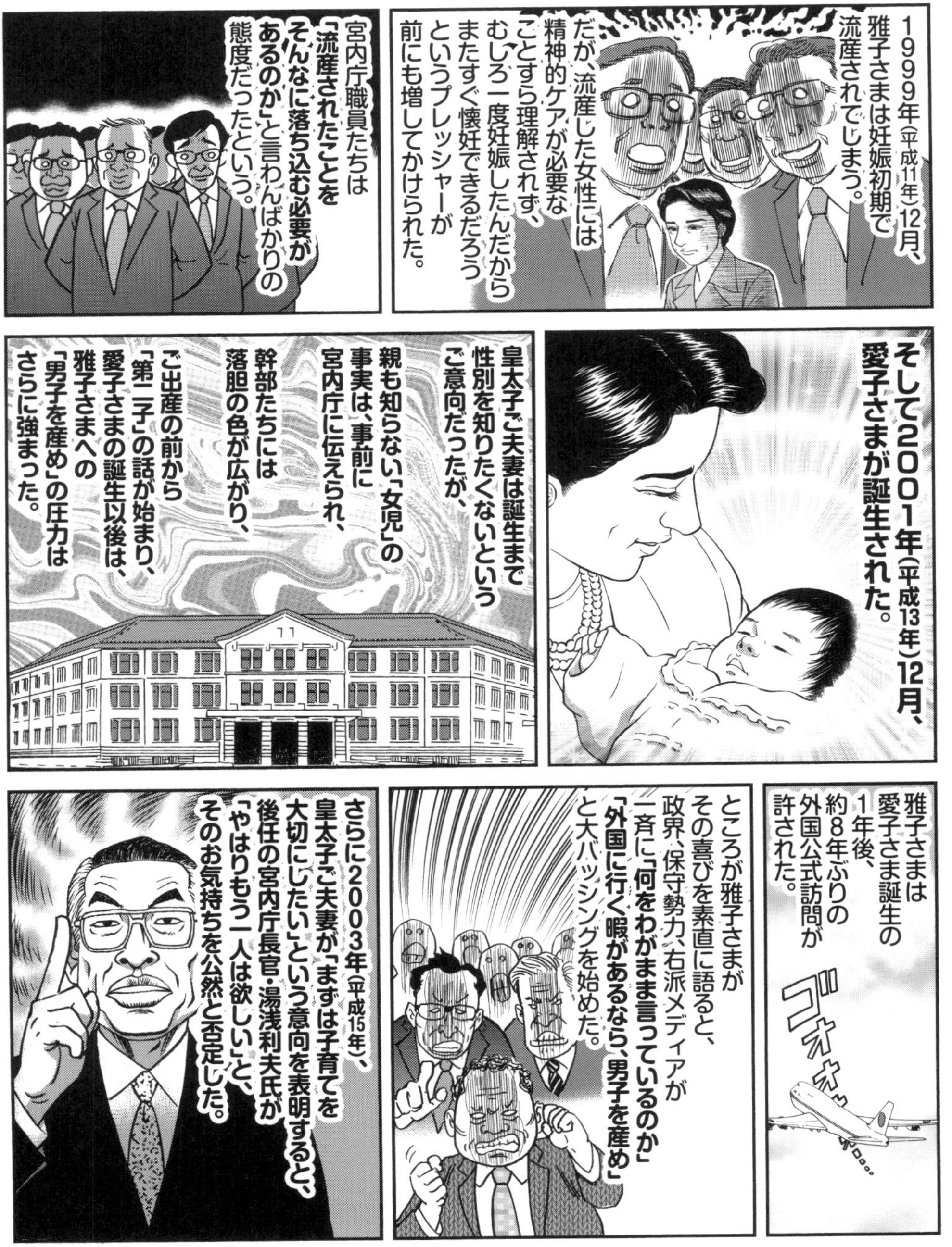
1999年（平成11年）12月、
雅子さまは妊娠初期で
流産されてしまう。
だが、流産した女性には
精神的ケアが必要な
ことすら理解されず、
むしろ一度妊娠したんだから
またすぐ懐妊できるだろう
というプレッシャーが
前にも増してかけられた。
宮内庁職員たちは
「流産されたことを
そんなに落ち込む必要が
あるのか」と言わんばかりの
態度だったという。
そして2001年（平成13年）12月、
愛子さまが誕生された。
皇太子ご夫妻は誕生まで
性別を知りたくないという
ご意向だったが、
親も知らない「女児」の
事実は、事前に
宮内庁に伝えられ、
幹部たちには
落胆の色が広がり、
ご出産の前から
「第二子」の話が始まり、
愛子さまの誕生以後は、
雅子さまへの
「男子を産め」の圧力は
さらに強まった。
雅子さまは
愛子さま誕生の
1年後、
約8年ぶりの
外国公式訪問が
許された。
ところが雅子さまが
その喜びを素直に語ると、
政界、保守勢力、右派メディアが
一斉に「何をわがまま言っているのか、
外国に行く暇があるなら、男子を産め」
と大バッシングを始めた。
さらに2003年（平成15年）、
皇太子ご夫妻が「まずは子育てを
大切にしたい」という意向を表明すると、
後任の宮内庁長官・湯浅利夫氏が
「やはりもう一人は欲しい」と、
そのお気持ちを公然と否定した。

「二人目」のプレッシャーと、高まるバッシング。
しかもバッシング記事のネタ元の多くは、宮内庁だった。
そしてついに、雅子さまは体調を崩して宮内庁病院に入院。
翌年春までの公務休養が発表されたのだ。
ところが宮内庁長官は、精神が弱り切っている雅子さまにさらなる追い打ちをかける。
秋篠宮さまのお考えもあると思うが、皇室の繁栄を考えた場合三人目のご出産を強く希望したい。
内々に秋篠宮家に言うのではなく、あえて記者会見で言ったものであり、それは、9年間の苦労の末に授かった愛子さまも、雅子さま自身をも、公的に否定したに等しい発言だった。
そしてついに雅子さまの精神・身体は限界を超え、すべての行事に欠席するようになった。
ところが、ある宮内庁幹部は、「皇族が精神疾患になることなどない」と真顔で言った。
宮内庁には精神疾患の知識も皆無で、気の持ちようで治ると思い込み、精神科医の診察も受けさせなかった。

※『皇后雅子さま物語』（友納尚子）

そして2004年（平成16年）5月、皇太子殿下は異例中の異例と言うべき発言をした。
雅子のキャリアや、そのことに基づいた雅子の人格を否定するような動きがあったことも事実です。
人格を認められず、ただ「男子を産む機械」の扱いをされ続けて、ついに病気に追い込まれてしまった雅子さまを守るための、今思えば当然の発言だった。
この発言がなければ雅子さまは専門医の診察も受けられなかったのだ。

雅子さまは「適応障害」と診断されたが、その病名の公表に宮内庁は最後まで抵抗した。
そして「人格否定発言」は雅子さまへの理解や共感ではなく、バッシングとして返ってきた！
誰が雅子妃の人格を否定したかといえば、それは第一に宮内庁の者であり…
宮内庁の不始末と無作為こそが雅子妃を病気に追い込んだのだ。
だが宮内庁の中にはその責任を感じるどころか、「面子を潰された」としか思わず、皇太子ご夫妻に憎悪の感情まで持った者がいた。
そうして宮内庁からは、悪意に満ちた情報が流され…
マスコミは宮内庁情報だからと飛びつき、「皇太子・雅子妃バッシング」が延々と続いたのだ！
日本会議系の集会ではある学者が雅子妃批判を語り、大喝采を浴びた。
パチパチ
雅子妃「不適格」で「悠仁親王」即位への道
メディアは精神疾患に対する理解も一切ないまま、「わがまま」「ストライキ」「怠け病」などと攻撃を続け、「仮病」と断言する言論人までいた。

愛子さまの教育を巡っては、
「母子密着」だの「甘やかし」だの、
「モンスター・ペアレント」とまで、
非難して叩きまくり、
宮内記者からは「茶番」
「異様な親子」「税金泥棒」
などという言葉まで
出てくるようになった。
雅子さまはそのことに
深く傷ついたという。
雅子妃密着に
学習院が激怒！
宮内記者が
校外学習に
自称保守言論人は、
皇室を敬愛しているような
ポーズだけとりながら、
週刊誌ネタを根拠に
憂国気取りで
「諫言《かんげん》」などと称して
偉そうな口調で
皇太子と雅子妃を
こき下ろし、
皇太子を「廃太子」にせよ、
そして秋篠宮を
次の天皇にせよ
などという暴論まで
平気で唱えた。
今現在、それほどの
バッシングの嵐が
「なかったこと」のように
されている。
だが、このままでは
同様のことは必ず
繰り返される。
もしこのまま「男系男子継承」が
継続されれば、悠仁さまの嫁も
男子を産むためだけに皇室に
入ってくる宿命を背負わされる。
そんな女性がいるだろうか？
雅子さまがお世継ぎ問題で
極限まで追いつめられ
病気になった事実を知りながら、
男子を産まなければ
皇統断絶という
恐るべき十字架を背負い、
人格を無視され、ただただ
「絶対に男子を産む機械」
となることを期待される
女性!?
聡明な女性は、そんな
因習を受け入れない！

男系固執派の論客は、旧宮家系の、今や一般人の男子を4人も皇室に入れて宮家を4つつくり、眞子さまや佳子さまと結婚させて、男子を産ませれば皇統は安泰などと言っている。
そのために今の天皇の「直系」であり「男系」でもある愛子さまを皇室から追い出すというのだ！
なんという暴挙！
そこまで無理して4つの宮家をつくっても、嫁にされた皇族女性が「男子を産む機械」扱いされることには変わりなく、側室がいないのだからたちまち行き詰まるのも目に見えている。
皇統は男系男子というのは伝統ではない！
側室があったからこそ続いた、男尊女卑の野蛮な因習なのだ！
ごーまんかましてよかですか？
現天皇から600年も離れた男系一般人を、聖域に育った皇族女性に、競走馬の種付けのようにあてがうとは何ごとか！
男系固執は男尊女卑であり、イスラム国なみの悪習でしかない!!

雅子皇后への眼差しの変化

2019.12 令和元年

国民の圧倒的な祝福のなか、令和の御代は始まった。
しかし、それで「帳消し」とはならないこともある!

その後——

皇后になられた雅子さまに対して祝福の声一色になったことは、もちろん良いことではあるのだが、それでも複雑な思いを抱かざるを得ない。

皇太子妃殿下時代の雅子さまが、どれほど熾烈な、ゆえなきバッシングを受けてこられたのか、みんな忘れてしまったのだろうか?

マスコミや大衆が、少しは「申し訳なかった」という後ろめたい気持ちがあればまだマシなのだが、そんな様子はまったく感じられない。その非情すぎた仕打ちを顧みることもなく、ただ手のひらをひっくり返しただけのようにしか思えないのだ。

大衆の手のひらなど、何度でもひっくり返る。かつては雅子さまをバッシングする一方で、紀子さまこそ未来の皇后にふさわしいと持ち上げる週刊誌まであったのに、今は同じ週刊誌が紀子さまをバッシングしている。

これでは、いつまたコロッと手のひらをひっくり返して、雅子さまがバッシングされるかもしれないと不安になってくる。実際、上皇后陛下は皇后になられてから週刊誌のバッシングを受け、失声症にまで追い込まれてしまったのだ。

なお、右に挙げた「週刊誌」とは、すべて『週刊文春』(文藝春秋)のことである。

せめて言論人くらいは、自分の言論の責任を明確にすべきだろう。かつては雅子さまを守ろうとなさる皇太子殿下(現在の天皇陛下)までバッシングして、皇太子は天皇にふさわしくないから「廃太子」にしろ、秋篠宮殿下を天皇にしろと主張した言論人がいたのだ。その皇太子が天皇になった現在、そいつらは一体どのツラ下げて令和の時代を生きているのだろうか?

『週刊文春』による雅子さまへのバッシング報道は苛烈を極めたと言っていいだろう。時に宮内庁が、同誌に掲載された記事を名指しで「事実に反することが手記として掲載されたことは、陛下に対する礼を失する誠に遺憾なこと」と批判する一幕もあった

上皇陛下が平成の時代に天皇を退位されるご意向を表明したことに対しても、さんざん上から目線で反対した言論人がいた。陛下に対して「どうかしている」と言った者までいた。

ここまで無礼千万で完全に間違った意見を言いまくったことについて、真摯に謝罪した言論人は一人もいない。死ぬまでダンマリを通してしらばっくれるつもりらしい。

男系固執派にしても、将来もし愛子皇太子が実現しても、そのときには誰一人謝らずにダンマリを決め込もうとするのは目に見えている。

だが、それだけは絶対に許されない。潔く謝罪して言論活動を即時止めるのが道理というものだ。

ゴーマニズム宣言SPECIAL
愛子天皇論

第20章 皇統の男系固執、終了！

国会での山尾志桜里氏の質問に対する菅官房長官の回答は驚いたな。
いや～～、驚きました。
あっさり白状しちゃいましたもんね。
旧宮家の皇籍復帰に関しては、男系男子子孫に復帰の意思確認をしていない。
今後もその予定はない！
（2020年2月10日・衆院予算委）
終了！
これで皇統の男系固執派は終了した。
政府は初めからそのつもりはなかったのだ。

なぜ安倍政権が旧宮家系子孫を探そうともしなかったのか？探す予定もなかったのか？よくよく考えてごらんなさい。まだ分からないの？馬鹿なの？

男系固執派が主張してた、皇位継承・男系維持の唯一の方法が「旧宮家復帰」でしたからね。
みなぼん、「旧宮家復帰」じゃないよ。
正しくは「旧宮家系だが、今や一般国民男子の皇籍取得」だけどね。
その通り！一度も皇族だったことなどない、生まれたときから一般国民の男が皇籍を取得するというデタラメな机上の空論なんだ。
それが完全に否定された以上、男系継承が維持される可能性はない！
0%！
ナッシング！
である以上は、これから先は男系・女系に関係なく天皇になれるようにする以外に、方法はありませんね。
ところが2020年2月16日、読売新聞は1面トップにこんな記事を載せました。
讀賣新聞
2020年(令和2年) 2月16日 日曜日
女性・女系天皇 議論せず
政府方針 皇位継承順位 維持
「立皇嗣の礼」後に確認
これは男系派が流したデマ記事で、官房長官が完全否定している。
そのようなことを決定した事実はありません。
(2020年2月19日・衆院予算委)
そりゃそうでしょ。男系固執を否定なら双系継承を認めて、女性天皇を公認するしかない！

安倍政権が、例え皇位継承問題を「先送り」するつもりだったとしても、男系子孫を今まで探そうともしなかったというのはオカシイでしょう。それが実現可能ならもうとっくに探してるはずだ。

だが安倍政権がコアな支持者である男系派を恐れて、ただ「先送り」するという姑息な手段に出る可能性はある。
「愛子天皇」議論を闇に葬った「安倍官邸」特集
「皇位継承議論は40年後でいい」
安倍政権が封印 愛子天皇論
そのためにでっち上げたのが、「立皇嗣の礼」ですね。
皇太子になったことを宣明する「立太子の礼」はあるが、「立皇嗣の礼」なんて歴史上、一度も行われたことがない！
政府も「皇太子」と「皇嗣」の違いを知らないんですね。
菅は国会で山尾志桜里氏に皇太子と皇嗣の違いを質問され、ポカンとして席を立てず、一時、議事が止まったほどです。
皇太子は次の天皇になることが確定した地位だが、
天皇陛下
愛子さま
（典範改正すれば皇太子になり1位）
①秋篠宮さま
（順位が2位になっても「廃嫡」にはならない）
②悠仁さま
③常陸宮さま
皇嗣は単にその時点で皇位継承順1位という暫定的な立場でしかない。
流動的な立場で、皇嗣が皇嗣でなくなることは普通にあるんですよね。
そうだ。
だから「立皇嗣の礼」なんて儀式はあり得ない！
それを無理矢理行なって、次の天皇は秋篠宮殿下に確定したかのように、国民に錯覚させる企みなのだ。
次は秋篠宮さまなのかな～～？

「秋篠宮さまがいるのに、愛子天皇なんて言うのは失礼だ」なんて言ってる馬鹿がいる。秋篠宮殿下が望まぬことをやっている、男系固執派こそが失礼だろう。異常な奴らだ。

すでに、皇位継承順位を変えたら秋篠宮殿下が「廃嫡（はいちゃく）」になるなんて言う人もいますからね。

殿下を廃嫡することに

"愛子天皇"は足り...
こさまを"差し置く"こと...
る順位逆転の危険性"櫻井よし...
ご氏インタビュー

廃嫡を伴いかね...
三浦瑠麗...

皇室用語に「廃嫡」なんてない！

自称保守は無知でペテン師ばっかりだからな。

騙されちゃならない！

そもそも秋篠宮殿下はご即位を辞退される可能性について言及されてますよね。

兄が80歳のとき、私は70代半ば。それからはできないです。

退位「二代限り」への問い
平成と天皇
4月2...

（平成31年4月21日付朝日新聞）

廃嫡～～～？

秋篠宮殿下は、天皇になる気はない。

当たり前だろう。5歳しか違わないんだから。

仮に天皇陛下が上皇陛下と同じく85歳で退位されたら、秋篠宮殿下は80歳の新天皇ということになる。

とにかくいま皇太子がいないという現状を、もっと深刻に考えなければダメです！

それは何よりご本人がお望みじゃないでしょう。

皇太子不在だと、一子相伝の祭祀の継承もできないからな。

秋篠宮殿下は祭祀を継承する気はない。
宮中三殿の儀式にも、宮殿に上がらず、ほかの皇族と同じように、ただ参列しておられる。
皇太子がいれば、天皇に従って宮殿に上がり、祭祀を継承されるのだ。
皇太子は天皇の子供！
本来、愛子さましかなれないのだ！
このままでは眞子さまも佳子さまも結婚し、公務そのものがやれない状況になり…
国民の皇室に対する親しみがどんどん失われて…
ついには愛子さままで結婚して民間人になり…
とうとう悠仁さま一人になってしまう。
現在、男性皇族の数が減り、高齢化が進んでいること、女性皇族は結婚により皇籍を離脱すること、といった事情により、公的に活動を担うことができる皇族は以前に比べ、減少してきております。
そしてそのことは皇族の将来とも関係する問題です。
（お誕生日に際しての記者会見）
※2020年2月21日、赤坂御所にて

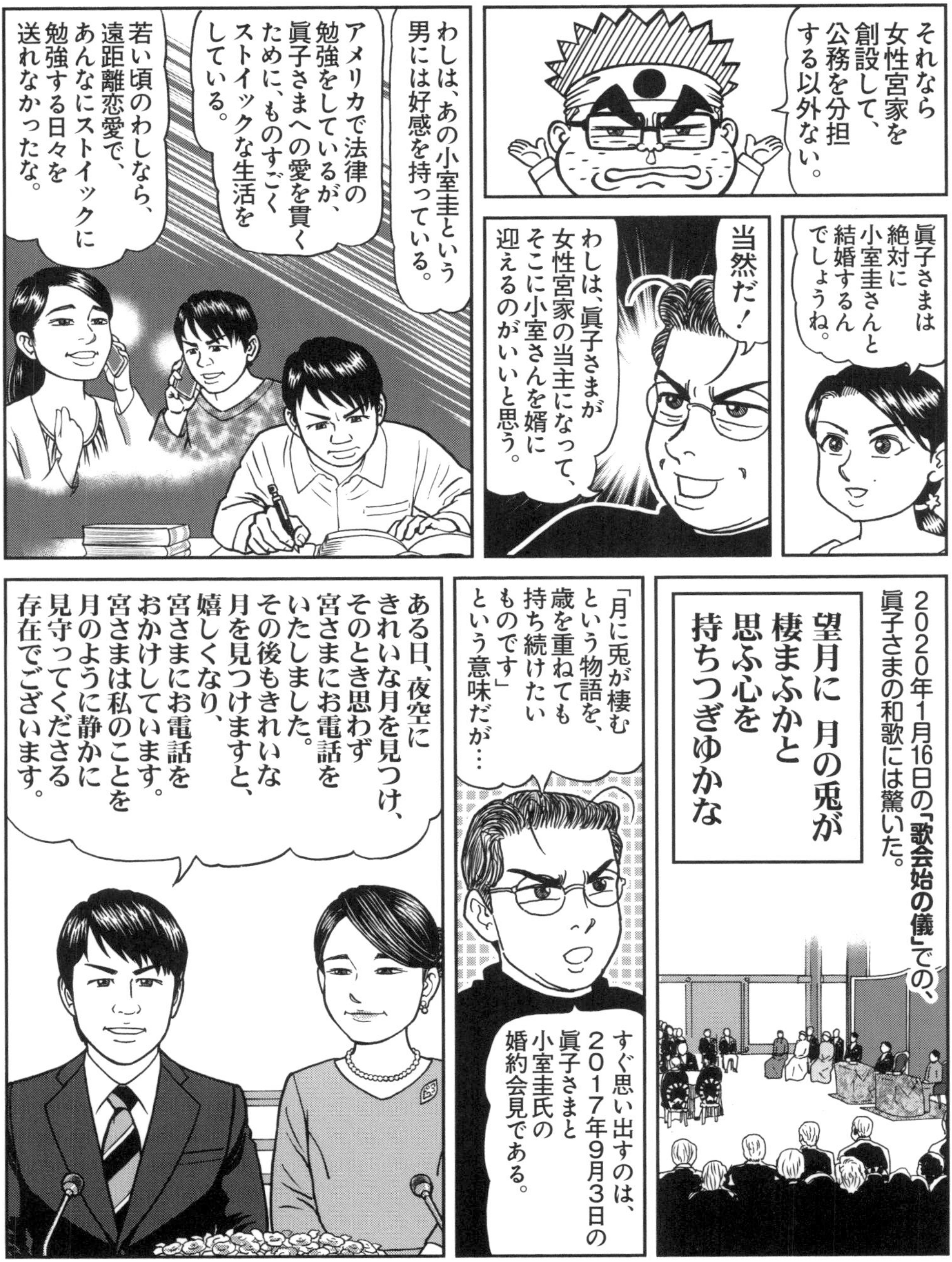
それなら女性宮家を創設して、公務を分担する以外ない。
眞子さまは絶対に小室圭さんと結婚するんでしょうね。
当然だ！
わしは、眞子さまが女性宮家の当主になって、そこに小室さんを婿に迎えるのがいいと思う。
わしは、あの小室圭という男には好感を持っている。
アメリカで法律の勉強をしているが、眞子さまへの愛を貫くために、ものすごくストイックな生活をしている。
若い頃のわしなら、遠距離恋愛で、あんなにストイックに勉強する日々を送れなかったな。
2020年1月16日の「歌会始の儀」での、眞子さまの和歌には驚いた。
望月に 月の兎が 棲まふかと 思ふ心を 持ちつぎゆかな
「月に兎が棲むという物語を、歳を重ねても持ち続けたいものです」という意味だが…
すぐ思い出すのは、2017年9月3日の眞子さまと小室圭氏の婚約会見である。
ある日、夜空にきれいな月を見つけ、そのとき思わず宮さまにお電話をいたしました。その後もきれいな月を見つけますと、嬉しくなり、宮さまにお電話をおかけしています。宮さまは私のことを月のように静かに見守ってくださる存在でございます。

「歌会始の儀」での眞子さまの和歌は、眞子さまの皇室や国民に対する宣言である。
「私を月のようだと言ってくれた小室さんを思う気持ちを、私は持ち続けます」
眞子さまはそう宣言されたのだろう。
これは純愛である。
誰もこの純愛を壊してはならない！
しかし「女性・女系天皇議論せず」を、表面上は否定しても、実はこれが政権の本音だったらどうなります？
そのときは安倍政権が皇室を滅ぼすということになる！
そもそも、このまま女性皇族がいなくなり、悠仁さまだけが残ったら、そこに嫁いでくる女性が現れるか？
絶対に男子を生む機械としてだぞ！
不妊は男に原因がある場合も多いのに！
ムリ！ムリ！ムリ！
自分のせいで皇統が絶えたと言われるのは、イヤだっ！
どーせ側室なしで男系継承を続けるのはぜーったい無理じゃん！

愛子さまは学習院大学文学部に進学される。
天皇陛下とまったく同じ道を辿られるのだ。
學習院大學
悠仁さまはお茶の水女子大学附属中学である。
伝統に縛られない自由な育ち方だ。
天皇陛下の背中を見て育つ、天皇直系の長子である愛子さまは、帝王学を自然に身につけておられる。
共同通信の世論調査でも、女性天皇に賛成は81・9%、女系天皇に賛成でも70%だ。
すでに国民は愛子天皇を待望している。
2019年10月調査
そもそも「姓」がないのが天皇なのに、男系とか女系という観念がおかしい。
シナの「易姓革命」の影響を受けたのが男系固執である。
政権のコアな支持層がシナ男系固執カルトだからといって、そのノイジー・マイノリティを恐れて議論を「先送り」するのは許されない!
ごーまんかましてよかですか?
皇統の男系固執は終了した!
一刻も早く、国民待望の愛子皇太子殿下を誕生させ、女性宮家をつくる!
そのために皇室典範を改正するべきだ!
安倍政権と男系固執カルトは皇統を断絶させる極左だったのか!?

皇統の男系固執、終了！

2020.8 令和２年

すでに答えが出ていることを、政府は認めている。
それでも、皇位の安定継承を巡る問題は前に進まなかった！

その後――

本章の最後は疑問形にして締めくくっているが、これを描いてから3年も経過したので、もう語尾の「のか!?」は要らないだろう。
「安倍政権と男系固執カルトは皇統を断絶させる極左だった」
これが結論である。
2017年(平成29年)の皇室典範特例法の附帯決議には、こう書かれていた。
「政府は、安定的な皇位継承を確保するための諸課題、女性宮家の創設等について、皇族方の御年齢からしても先延ばしすることはできない重要な課題であることに鑑み、本法施行後速やかに、皇族方の御事情等を踏まえ、全体として整合性が取れるよう検討を行い、その結果を、速やかに国会に報告すること」

「先延ばしすることはできない重要な課題」と明記している。
さらに、「本法施行後速やかに」検討し、「速やかに国会に報告すること」と、2回繰り返して「速やかに」と記しているのがわかるだろう。
特例法が施行されて、現在の上皇陛下が天皇をご退位されたのが2019年(平成31年)4月30日だから、普通に日本語が読めるなら「本法施行後速やかに」すなわち同年5月1日以降すぐに検討を始めなければいけなかったのである。
ところが安倍政権は、「皇位継承に関する一連の行事が終わり次第速やかに検討を開始する」と言い出したのだ。
もちろん皇位継承の行事と検討開始の時期には何の

関係もなく、附帯決議のどこにもそんなことは書いてない。理由にもならない理由をでっち上げて、「先延ばしすることはできない」と附帯決議に書かれた重要な課題を平然と先延ばしして、検討を始めるのは、皇位継承に関する最後の行事となる「立皇嗣の礼」が終わってからということにしたのだ。

歴史上前例のない「立皇嗣の礼」は、次の天皇が確定しているかのように国民に錯覚させる企みであったのと同時に、皇位継承問題の検討を先送りにするための画策でもあったのである。

そして「立皇嗣の礼」はコロナ禍による延期もあって、終了したのは2020年(令和2年)11月。ところが、それでも検討はすぐには始まらず、「有識者会議」の報告書が提出されたのはさらに1年後の2021年(令和3年)12月になり、しかもその報告書は肝心の安定的皇位継承策についての検討を一切していない、完全に無意味なものだった。

安定的皇位継承策についての検討を、明確な悪意をもってここまで頑なに拒否した政権など、「皇統を断絶させる極左」以外の何ものでもない。

2021年12月22日、皇位の安定継承を議論する政府の有識者会議が報告書をまとめ、座長の清家篤元慶応義塾長が岸田総理に手渡した。皇族数の確保が喫緊の課題であるとして、①女性皇族が結婚後も皇族の身分を保持する、②旧宮家の男系男子が養子として皇族復帰する。以上の2案の検討を求めた［写真 共同通信社］

ゴーマニズム宣言SPECIAL 愛子天皇論

第21章 男系カルトと統一協会

呆れた事実が明らかになった。
皇統の男系継承を主張する論客が、
みんな「統一協会系団体」で
講演をしていたのだ。
新田均！ 櫻井よしこ！
八木秀次！ 中西輝政！
大原康男！
小川榮太郎！ 渡部昇一！
そしてもちろん、竹田恒泰！
世界日報
櫻井 よしこ 氏
世界日報

連中の男尊女卑感覚は、
統一協会の教義にある
男尊女卑と通底して
いるからだ。
断固として
男の血統が上！
女の血統は下！
と見るのは、シナの
儒教の影響で、
朝鮮はその影響を
過度に受けている。

旧統一協会は「反日邪教」である。韓国のキリスト教(プロテスタント・カソリック)からもキリスト教を利用する邪教とされている。だから文鮮明は韓国でも権力に接近して生き残る戦略をとった。なんと金日成と義兄弟になっていた。

日本が「シナ男系主義」に影響されるのは、律令制が入ってきた7世紀以降だ。
それでも8世紀の奈良時代には、持統天皇、元明天皇、元正天皇、孝謙天皇、称徳天皇の4人5代が「女帝」として即位した。
日本で最初に「天皇」を名乗ったのは6世紀の推古天皇である!
推古天皇
持統天皇
元明天皇
推古天皇以前は「大王」(オオキミ)であり、まだシナ皇帝より低い身分だった。
元正天皇
孝謙天皇
称徳天皇
神話まで遡れば、皇祖神は天照大神である。
天照大神
そしてもう一つ、統一協会の正体が「反日・反天皇」である以上、少なくとも韓国の協会上層部は、男系に固執すれば、皇室は確実に滅ぶという確信を持ってやっているはずだ。
男
バカな男系派どもはまんまと統一協会に利用されているのだ。
2022年8月7日に関西で放送されたテレビ番組『そこまで言って委員会NP』でも、破壊的な男系バカの狂気が充満していた。

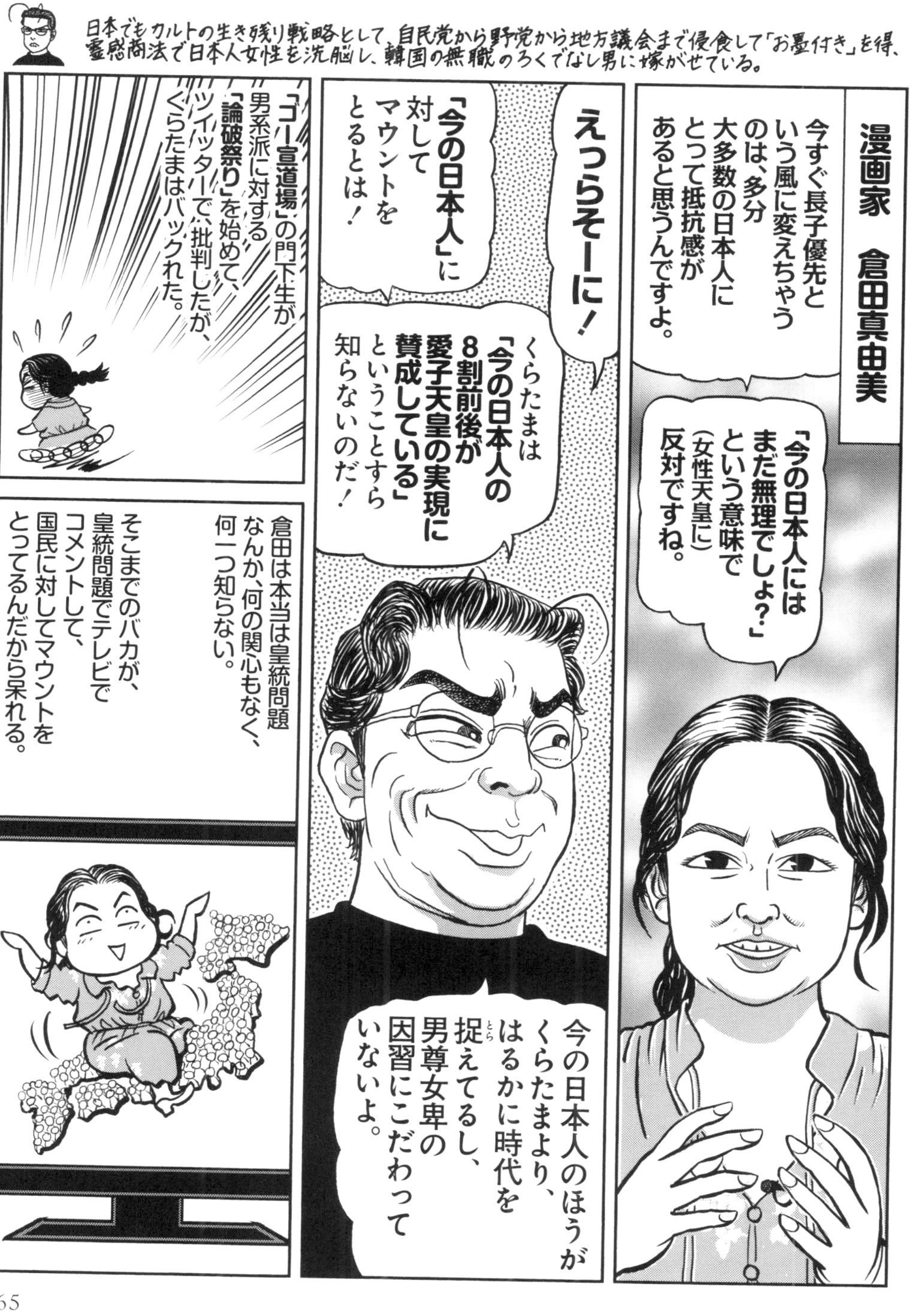
日本でもカルトの生き残り戦略として、自民党から野党から地方議会まで侵食して「お墨付き」を得、霊感商法で日本人女性を洗脳し、韓国の無職のろくでなし男に嫁がせている。
漫画家　倉田真由美
今すぐ長子優先という風に変えちゃうのは、多分大多数の日本人にとって抵抗感があると思うんですよ。
「今の日本人にはまだ無理でしょ？」という意味で（女性天皇に）反対ですね。
えっらそーに！
「今の日本人」に対してマウントをとるとは！
くらたまは「今の日本人の8割前後が愛子天皇の実現に賛成している」ということすら知らないのだ！
今の日本人のほうがくらたまより、はるかに時代を捉《とら》えてるし、男尊女卑の因習にこだわっていないよ。
「ゴー宣道場」の門下生が男系派に対する「論破祭り」を始めて、ツイッターで、批判したが、くらたまはバックれた。
倉田は本当は皇統問題なんか、何の関心もなく、何一つ知らない。
そこまでのバカが、皇統問題でテレビでコメントして、国民に対してマウントをとってるんだから呆れる。

「反日邪教」は潰すべきであって、「信教の自由」なんて言ってる場合じゃない。せめて「オウム真理教」と同じように解散命令を出せ！「WiLL」は統一協会の分派雑誌と見做す。

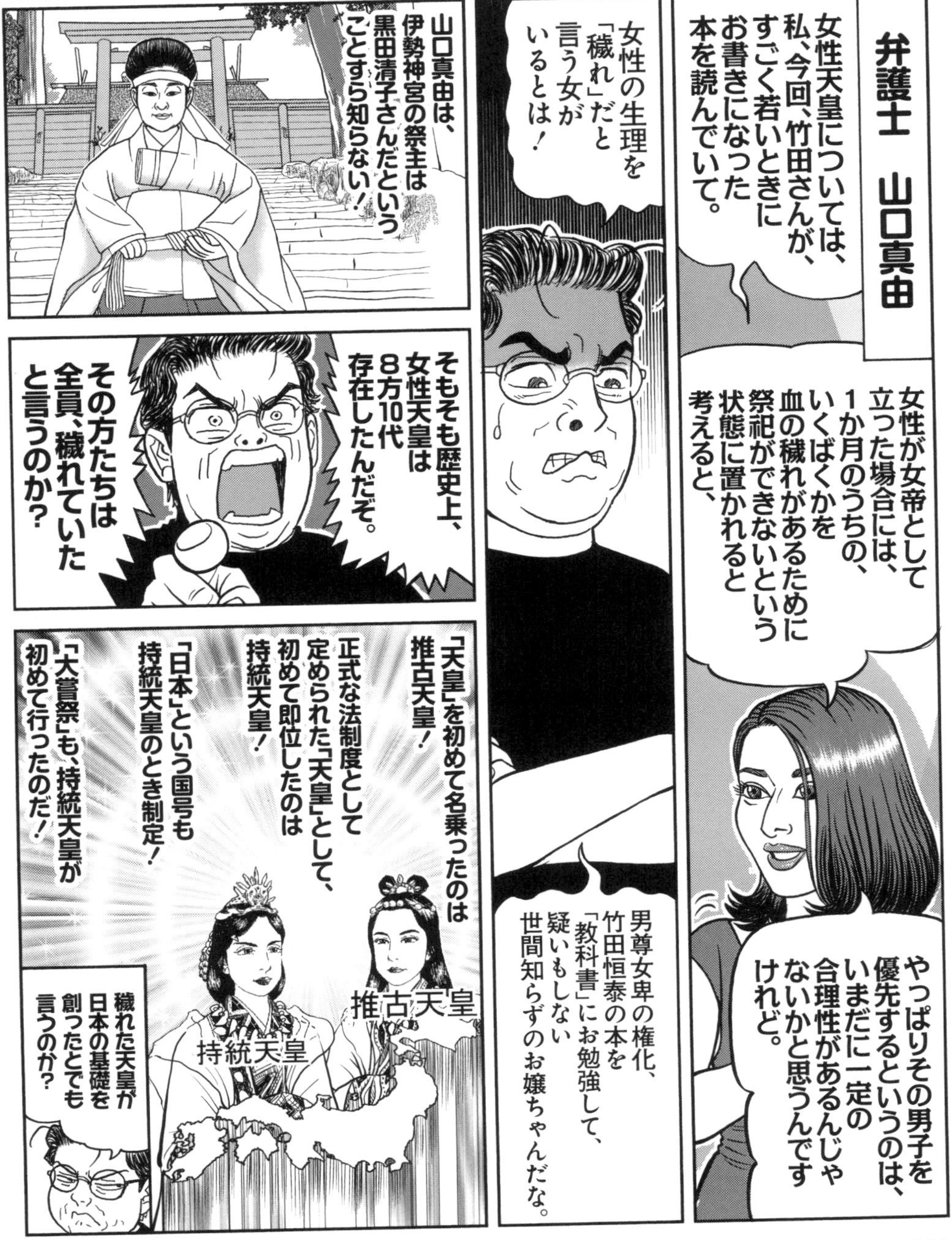

弁護士　山口真由
女性天皇については、私、今回、竹田さんが、すごく若いときにお書きになった本を読んでいて。
女性が女帝として立った場合には、1か月のうちの、いくばくかを血の穢れがあるために祭祀ができないという状態に置かれると考えると、
やっぱりその男子を優先するというのは、いまだに一定の合理性があるんじゃないかと思うんですけれど。
女性の生理を「穢れ」だと言う女がいるとは！
男尊女卑の権化、竹田恒泰の本を「教科書」にお勉強して、疑いもしない世間知らずのお嬢ちゃんだな。
山口真由は、伊勢神宮の祭主は黒田清子さんだということすら知らない！
そもそも歴史上、女性天皇は8方10代存在したんだぞ。
その方たちは全員、穢れていたと言うのか？
「天皇」を初めて名乗ったのは推古天皇！
正式な法制度として定められた「天皇」として、初めて即位したのは持統天皇！
「日本」という国号も持統天皇のとき制定！
「大嘗祭」も、持統天皇が初めて行ったのだ！
推古天皇
持統天皇
穢れた天皇が日本の基礎を創ったとでも言うのか？

皇統の男系主義を唱える奴は、今回描いたように、嘘とデマばっかりで、ほとんどカルト臭い！やっぱり統一協会の影響を受けているのか？「男尊女卑」がベースになった胡散臭い奴ばっかりである！
作家・ジャーナリスト 門田隆将
長子優先ってことにすると、これ「悠仁親王廃嫡論」ですから！
悠仁親王殿下を「廃嫡」にしてまで愛子さまにするというのは、私はちょっととんでもないことだと思いますよ！
「廃嫡《はいちゃく》」ってなんだ？
悠仁さまは「嫡子」ではないぞ。
そもそも「廃嫡」なんて言葉皇室用語にないぞ。
愛子さまが天皇陛下になれるよう「皇室典範」を改正する。
それは単に皇位継承順位が変わるだけの話で、そんなことは歴史上、普通にあった。
「皇嗣《こうし》」は現時点での皇位継承順位が1位というだけだ。
昭和天皇の弟・秩父宮は、1933年（昭和8年）に今の上皇が生まれるまでは皇嗣だった。別に「廃嫡」などしていない。
そもそも「廃嫡」は旧民法の用語であって皇室用語ではない。
男系派が、わざと誤用したペテン用語なのだ。
山口真由も、門田隆将も、竹田恒泰のペテンに引っかかった哀れな信者にすぎないのだ。

ニセ旧皇族・男系いるいる詐欺師　竹田恒泰
（側室制度がなければ続かない、という指摘に対して）
大きく状況が変わってきています。
それは乳児の死亡率が極端に減ったんです。
今と全然違う。
乳児死亡率!?
はあああああ?
それは男が生まれても、女が生まれても、めったに死ななくなったということで…
確実に男子が生まれるという話ではないぞ!
乳児死亡率と男女の生み分けは何の関係もない!
いくら乳児死亡率が減っても、男女の生み分けはできないのだ!
竹田はこの主張を10年以上、繰り返している。
完全にバカだった!
もちろん知っていたとも!
バカじゃないなんて露ほど思わなかったさ!

ブログマガジン「小林よしのりライジング」も、統一協会と結託した男系カルトを徹底追及！読者と共にもはや「偽装保守」と呼ぶべき自称保守を猛攻撃！マスコミがまだ追い切れてない情報までえぐり出す作家泉美木蘭さん、驚異の調査報告にも大注目！創刊10周年を超えてさらにさらにパワーアップ中です！

しかも竹田は、ネット動画で「女性天皇誕生」についてこんな発言までしている！
https://onl.bz/WUFZRUJ
味噌汁にウンコが入っていたとしましょうか？
それ飲めますかって話。
味噌汁に一滴でも入ったら、それはもはや全部ウンコなのであって、もはや味噌汁ではもうないんです。
愛子さまが天皇になるということは「味噌汁にウンコを入れる」のと同じと言っているわけで、つまりは「愛子さまのことを「ウ〇〇」と言ったのだ！
ここまで不敬なことを言った奴が、今までいただろうか？
ここまで下劣な男尊女卑の男なんて、ほかにいるだろうか⁉

わしの読者や「ゴー宣道場」などの公論サポートたちが、ついに「論破祭り」を開始した。今まで「サイレント・マジョリティー」の側にいて品よく沈黙していたが、声を挙げ始めると、強い強い、論破の快進撃状態だ。

そもそも、竹田恒泰は明治天皇の「女系」の玄孫だから、竹田の言に従えば、竹田こそが「ウンコ」なのだ！
ここまでインチキな奴に、政治家までが騙されて、皇位の安定継承策にストップがかけられてきた。
しかも、統一協会と結託してまで、皇統の消滅に力を注いでいる。
現在
上皇陛下
上皇后陛下
天皇陛下
皇后陛下
秋篠宮皇嗣殿下
皇嗣妃殿下
愛子内親王殿下
佳子内親王殿下
悠仁親王殿下
40年後
悠仁親王殿下
妃殿下？
？
旧宮家案は門地による差別で違憲となりここで消滅
統一協会は、日本人を洗脳し、人格を崩壊させ、献金マシーンに改造する。
あれはカルトであって市民社会と折り合いをつける宗教ではない。
ごーまんかましてよかですか？
安倍マンセーの男系論客は統一協会を批難するマスコミをヒステリーだと思っている。
カルト団体を男系固執で手を組める団体としか思っていない。あまりにも甘い！
オウム真理教のときは宗教学者がオウム寄りだったが、今回は男系論客が統一協会寄りになっている。
常識を欠く者はいつの時代もカルト寄りになるものだ！

男系カルトと統一協会

2022.9 令和4年

政権中枢に影響を与え、皇位の安定的継承策に
ストップをかけていた者の正体が明らかになった!

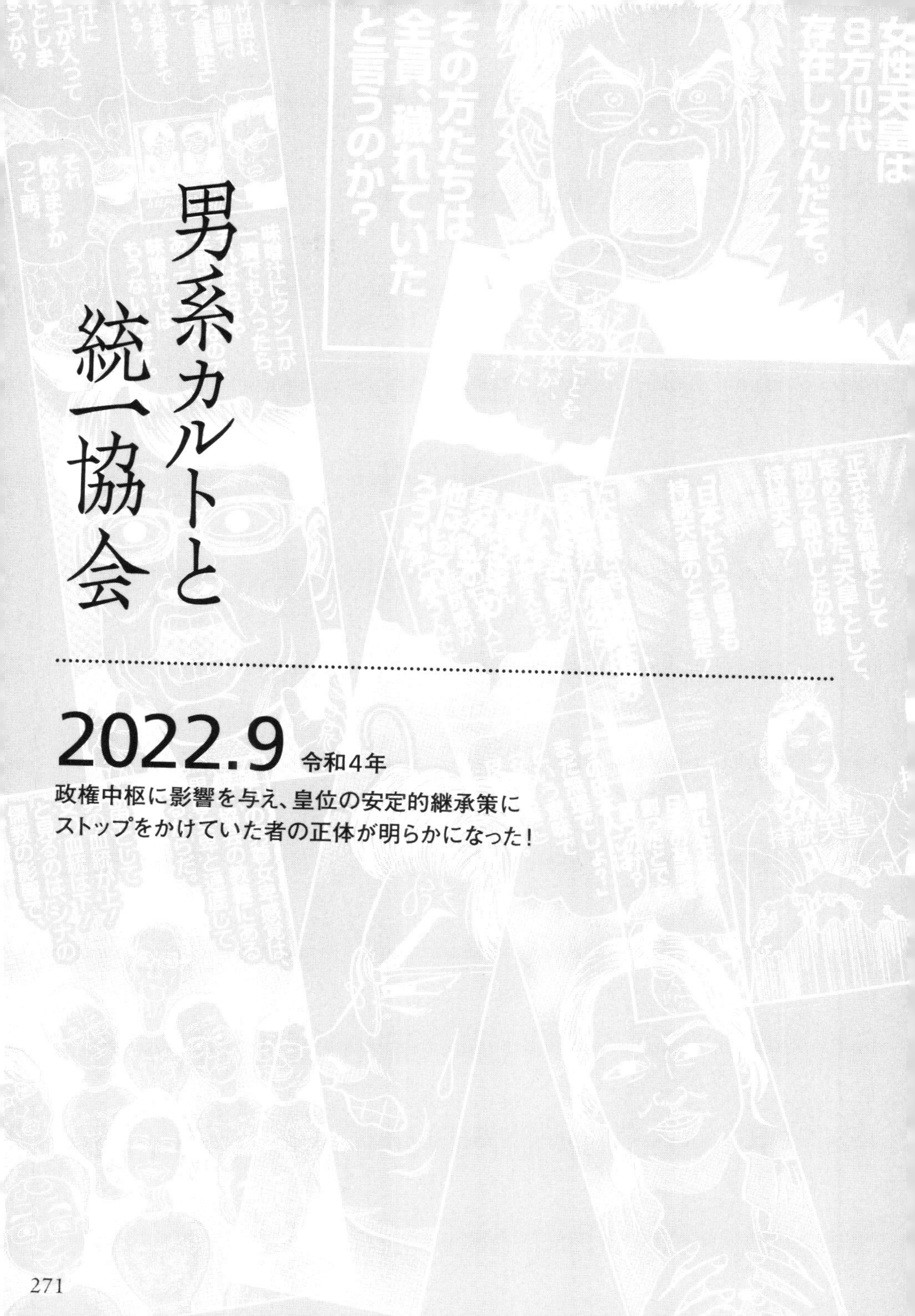
女性天皇は8方10代存在したんだぞ。
その方たちは全員、穢れていたと言うのか?

その後——

自称保守言論人の発言がどんどん常軌を逸したものとなっていき、評論家の宇野常寛氏はこれを「保守カルト」と命名したが、実は本物のカルトと一体化していたわけで、もう呆れる以外にない。

統一協会（現・世界平和統一家庭連合）の儀式では、天皇陛下役の日本の統一協会会長が教祖の文鮮明に跪いて拝礼するというものまであった。それは以前からわりと知られていた話だったのだが、それでも統一協会と結託していたわけだから、もともと自称保守が天皇陛下に対して敬意を持っているように見えなかったということも、十分に納得がいくというものである。

元財務官僚で弁護士の山口真由は、『週刊ポスト』2023年1月12・20日号で、

「私個人としては、天皇と皇室は『制度』であり、その方々が『生身の人間』と想像したくないという気持ちがあります。皇室の方々は菊のカーテンの奥にいて、決して私たちと同じ人間ではないと国民から思われているほうが、天皇制やその権威を保てるのではないでしょうか」

と発言している。

天皇・皇室を「生身の人間」と思いたくないというのは、神聖・特別な存在と思いたいという意味であるとか、何か適当な言い訳をしそうだが、絶対にそうではない。

これはまさに、文字通り「生身の人間扱いしたくない」という意味であり、天皇・皇族は人間扱いしなくていい、どんな扱いをしたってかまわないというのが、山口真由の本音なのだ。

現に山口は同誌の記事で、

「悠仁さまに嫁ぐ女性は、20代のときに卵子をたくさん凍結しておけば、高い確率で男子が産めると思います」

「どうしても男系男子の血統が大事なら、今のうちに男性皇族の精子を凍結しておくべきかもしれません。進化する科学技術もまた、皇室の維持のために無視できないのでは」

と語っている。

本当に、心の底から天皇・皇族を人間扱いしていないのだ。血統書付きの犬猫か、競走馬みたいなものとしか思っていないのだ。いや、競走馬の繁殖は国際ルールで「自然交配」に限るとされているそうだから、もはや馬以下の扱いである。

そして、そうした感覚はまさに天皇・皇族を「血の器」としか考えず、愛子さまに自由意思を認めずに「血統」のいい男をあてがおうと考える男系固執派の感覚そのものである。

さすがに「卵子・精子凍結」発言にはドン引きした人が多く、SNSでは炎上したが、そんな山口がテレビのコメンテーター業界では、失脚した三浦瑠麗に代わって急上昇の有望株扱いされているというから、呆れるほかない。

やはり女性のテレビ言論人には、どういう思想を持ち、何を話しているかなんてことは一切問われていないのだ。求められているのはひたすら、ルックスだけなのだ。

そんな業界にいれば、男尊女卑の男に媚びて、もっとも露骨な男系固執派に成り下がってしまうのも無理はないのかもしれない。

ゴーマニズム宣言SPECIAL
愛子天皇論
第22章
Y染色体はわしも持っている

Y染色体はわしも持っている

最近、ネットの世界で、皇統の「愛子天皇」を望む人たちが、「男系固執派」に対して「論破祭り」を仕掛け、圧倒している。
もともと「男系継承」とは、男→男→男→男→と継承されるものであり、間に一代でも女が挟まったら、破綻である。
ドォーン
「女系継承」とは、女→女→女→女→と継承されるものであり、間に一代でも男が挟まったら、破綻なのだ。
ドォーン
日本は「8方10代の女性天皇」が存在するから、決して男系継承ではない。「双系継承」なのである！
推古天皇
皇極天皇・斉明天皇
持統天皇
元明天皇
元正天皇
孝謙天皇・称徳天皇
明正天皇
後桜町天皇

皇統の「男系固執」を唱える者は、「保守」ではない。不可能なことを「男系」という「原理主義」に拘って、頑強に主張し続ける、それを「保守」とは言わない。

男系男子限定の継承は、明治から始まった因習で、側室なき男系継承では、近い将来、皇統は絶える。
いますぐにでも愛子天皇を目指さなければならない。古代の「双系継承」に戻るのが日本国民の8割の希望でもある。
最近はツイッターで「論破祭り」が行なわれ、男系固執派のネトウヨの中に「統一協会」の信者が混じっていることが判明し、ますます「双系派」が勢いを増してきた。
Y
以前から天皇は、神武天皇の「Y染色体」を持つ男系男子が継承しなければならないと主張してきた竹内久美子は、「双系派」の批判に耐えかねて、ブロックしてしまった。
それじゃあ歴代8方10代いらっしゃる女性天皇は、天皇じゃないのか？という反論はすぐ浮かぶし…
推古天皇
皇極天皇・斉明天皇
持統天皇
そもそも「Y染色体」なんて、男なら誰でも持っているし、もちろんわしも持っている。
Y染色体に個性はないから、あまりにバカな主張なのだ。

保守の要諦は伝統や慣習から「因習」を削ぎ落しながらバランス感覚で守ることである。

例えば竹内はこんなことを言う。
愛子さまに子供が生まれたら、皇室の方ではないと、竹内は言う。
愛子さまの子を皇室から追放するつもりか？
竹内久美子
@takeuchikumiffy
女系天皇が皇室の方ではないことをご存じない！
びっくりしました。
竹内久美子
@takeuchikumiffy
女系天皇は皇室の方ではなく、別王朝の方。
これで皇室が滅びます。
何かここへレスポンスを入れている方たち、
知識不足です。
「女系天皇が皇室の方ではない」？？？
こっちがびっくりするわ！
女系天皇は「別王朝の方」だそうだ。
シナの「易姓《えきせい》革命」じゃあるまいし、日本にはもはや「姓」なんかない！
皇室には「氏」すらない！
一体全体「別王朝」って何という王朝なんだ？
竹内久美子
@takeuchikumiffy
世襲と言ったら、男子でつぐことを指します。
なので愛子様は皇位継承権はありません。
このような間違った主張に騙されないように。
「世襲」に男女は関係ない。
皇位継承に関する政府見解も、憲法における「世襲」は、男性・女性・男系・女系をすべて含むとしている！
知らんのか？
竹内は自分の頭の中だけで、勝手に法律をつくっているようだが、それは世の中では通用しない。

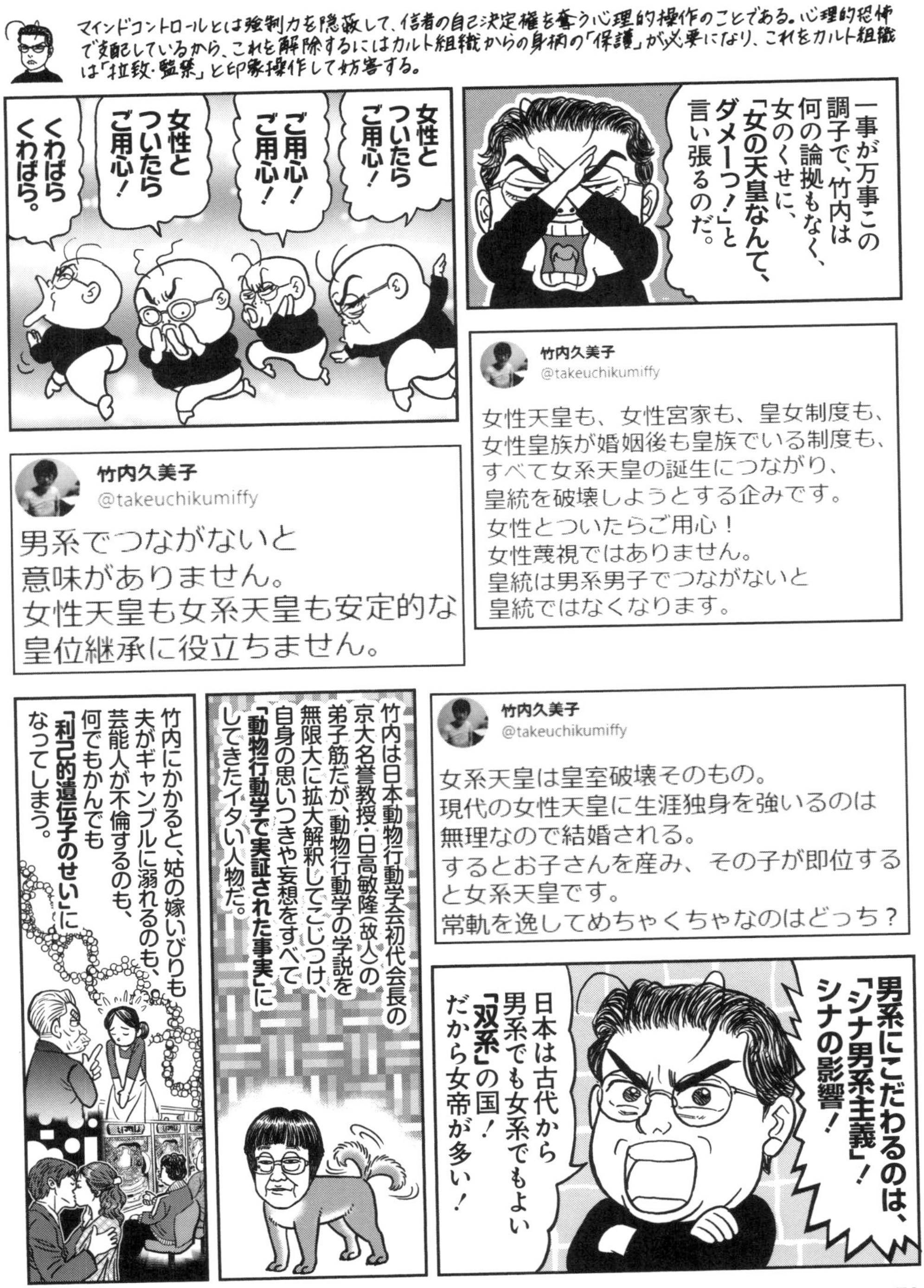
マインドコントロールとは強制力を隠蔽して、信者の自己決定権を奪う心理的操作のことである。心理的恐怖で支配しているから、これを解除するにはカルト組織からの身柄の「保護」が必要になり、これをカルト組織は「拉致・監禁」と印象操作して妨害する。
一事が万事この調子で、竹内は何の論拠もなく、女のくせに、「女の天皇なんて、ダメーっ！」と言い張るのだ。
女性とついたらご用心！
ご用心！ご用心！
女性とついたらご用心！
くわばらくわばら。
竹内久美子
@takeuchikumiffy
女性天皇も、女性宮家も、皇女制度も、
女性皇族が婚姻後も皇族でいる制度も、
すべて女系天皇の誕生につながり、
皇統を破壊しようとする企みです。
女性とついたらご用心！
女性蔑視ではありません。
皇統は男系男子でつながないと
皇統ではなくなります。
竹内久美子
@takeuchikumiffy
男系でつながないと
意味がありません。
女性天皇も女系天皇も安定的な
皇位継承に役立ちません。
竹内久美子
@takeuchikumiffy
女系天皇は皇室破壊そのもの。
現代の女性天皇に生涯独身を強いるのは
無理なので結婚される。
するとお子さんを産み、その子が即位する
と女系天皇です。
常軌を逸してめちゃくちゃなのはどっち？
男系にこだわるのは、「シナ男系主義」！シナの影響！
日本は古代から男系でも女系でもよい「双系」の国！だから女帝が多い！
竹内は日本動物行動学会初代会長の京大名誉教授・日高敏隆（故人）の弟子筋だが、動物行動学の学説を無限大に拡大解釈してこじつけ、自身の思いつきや妄想をすべて「動物行動学で実証された事実」にしてきたイタい人物だ。
竹内にかかると、姑の嫁いびりも夫がギャンブルに溺れるのも、芸能人が不倫するのも、何でもかんでも「利己的遺伝子のせい」になってしまう。

「統一協会の話題はもう食傷気味」と水をぶっかけ、問題を火消しして風化させようともくろむ統一協会シンパがいるが、残念でした！食傷どころか次から次に新たな展開やキャラが登場して、こんなに面白い見世物はない！ブログマガジン「小林よしのりライジング」は随時その見どころを発信中！もう風化はさせない！

また竹内はシンメトリー（左右対称）に異様にこだわり、「生物はシンメトリーであるほど優秀な遺伝子を持ち、メスはなるべくシンメトリーなオスの子供が欲しいため、男がシンメトリーであればあるほどオルガスムスを感じる」と大真面目に主張している。
しかもそのシンメトリーとは両手足・両目・両耳のサイズや形をミリ単位以下で計測しないとわからないほど、ぴったりの左右対称でなければいけないという。
もう「トンデモ」のニオイしかしないが、さらに竹内はこうも主張する。
シンメトリーな男は顔がいい。
臭くない。
精子の数が多く、質もよい。
シンメトリーな男は童貞を失うのが早い。
スポーツが得意。ダンスがうまい。歌がうまい。声がいい。
シンメトリーな男は経験した女の数が多い。
女がすぐにOKのサインを出す。
女をよく「イカ」せる。
筋肉質である。背が高い。
IQが高い。ケンカが強い。
女の扱い方、キスや愛撫の仕方、性交がうまい…
ふう〜〜〜っ。やたらと下ネタが多いのも、この人の特徴だ。
当然、竹内は師匠の日高教授や他の動物行動学者から批判を受け、「学者」を名乗れなくなった。
それで「動物学研究家」と称しているのだが、本人は不当に「研究妨害」を受けたと被害者意識の塊になっている。
そんなヤバい人には決して近寄っちゃいけないのだが、あろうことか自称保守論壇が重用しちゃってるのだ。
WiLL
Hanada

そして竹内は、自称保守論壇の期待に応え、彼らが敵視する日本型リベラルを攻撃する論理を編み出した。
「キンタマが小さい男はサヨクになりやすい」
動物学で日本型リベラルを看破す
睾丸が小さい男はなりやすい!!
竹内久美子
動物学研究家・随筆家
ヒトの本能的な浮気を隠す研究者
政治から本能
キャン玉の大きさでわかるってか～～～!?
竹内は「共産主義、社会主義は女にモテない男は都合のいい思想」と決めつけ、さらに「女にモテない男は生殖能力が低いから、睾丸が小さい」と決めつけ、それで「睾丸が小さい男はサヨクになりやすい」という結論にぶっ飛ぶのだ。
驚いたことに自称保守の連中はこんな奇説に何の疑問も持たず、「そうか～～サヨクはキャン玉が小さいのか～～」と納得しているのだ。
へ～
ホ～
へ～
なー
へ～
同時に竹内は妄想的な「男系論」を繰り返し、Y染色体こそが天皇だとY談を垂れ流している。
Y
Yさま近影▶
Y染色体なら男は誰でも持っている！
神武天皇のY染色体も小林よしのりのY染色体も同じ！
当たり前のことだ。

竹内久美子は、「あくまでオランウータンのレイプ」の話として書かれた論も「〝人間〟を想定していることは間違いありません」と断言して引用してレイプを容認し、結論では「男性はもっと動物的本能に従って、勇気をもって行動してほしい」と煽っている。本当にこんなの載せて、責任とれるのか？

しかも、神武天皇のY染色体はあくまでも人類の遺伝子なのだから、人類の祖先をどんどん遡っていけることになり、
結局、祖先は「ラミダス猿人」に辿り着いてしまう！
わしはイヤだ！
天照大神のほうがいい！
そして竹内の発言は『WiLL』2022年10月号で、ついに完全に一線を踏み越えてしまった。
レイプを容認したのだ！
『戦争は女の顔をしていない』
ベストセラーが教える「女は戦場でも女でいたい」
竹内久美子
女は戦場でも女
「レイプされたって妊娠しなければよいだけの話ではないでしょうか」
竹内は、女性がレイプの際に「抵抗してみせるのは、腕のよいレイプ犯かどうかを見極めるため」と言い出す！
キャー
「抵抗されてもレイプを成し遂げるオスなら、その遺伝子を取り入れることに価値があり、レイプを最後までやり遂げる性質を持つ子が生まれ、その子がまたレイプをやり遂げ、子孫を残し続けることができる」
という、頭がおかしいとしか思えないアメリカのライターの説を、「動物行動学」に基づく考察、研究の結果のごとく紹介するのだ！

竹内は、被害者にとって「レイプは魂の殺人」であり、実際に苦しんでいる人が膨大にいるということも、現在ウクライナでロシア兵による組織的なレイプ被害が起きていることも、一切気にしていない。
レイプされたって、妊娠しなければいい。
レイプは優秀な子孫を残すための行為！動物行動学で、そうなっている！
人間と動物は違う！恋愛と発情は違う！人間は単なる遺伝子の乗り物ではない！わしはそう考える。
動物行動学というのが、本当に竹内の言うようなものなのか知らないが、少なくともこれは「保守」の思想ではまったくない。
にもかかわらず、こんなカルト思考を「科学」として受け入れているんだから、日本に保守などいないのだ！
ごーまんかましてよかですか？
「Y染色体男系カルト」ごときのペテンに騙されるようじゃ、皇統は絶対に守れない！
国民の8割が愛子天皇を望んでいるのに、ほんの少数派の「男系固執」政治家が、それを妨害している！
カルト思考を放置しすぎた！常識の海に沈めなければならない！

Y染色体はわしも持っている

2022.11 令和4年

カルトと似非科学は極めて親和性が高い。
その典型がトンデモ・マッドサイエンティスト、竹内久美子である!

その後——

2023年（令和5年）の新年一般参賀では、秋篠宮殿下が立ち位置を間違われ、それを愛子さまが指摘して、秋篠宮殿下よりも中央、皇后陛下の隣に立たれるという場面があった。

だが、これに対して竹内久美子は、立ち位置を間違われたのは愛子さまであり、「秋篠宮殿下よりも愛子さまのほうが格上」という「危険な信号」を内外に送ったと、相変わらずの妄想全開の非難をツイートした。

そしてこれに竹田恒泰が、

「個々の序列と、家族単位の序列があり、通常の儀式では前者、一般参賀では後者が用いられたということ。両者の間に矛盾はない。愛子内親王殿下は天皇陛下ご一家としてあの位置となった。また平成以降は両陛下が同列で中央と運用されてきたので、皇后陛下の隣で正しい」

「皇位継承順位と席次は異なる。内廷皇族5方（4陛下と愛子内親王殿下）は、秋篠宮家より席次では上になる。皇位継承順位で並ぶなら皇后陛下や上皇上皇后両陛下は末席になってしまう。皇位継承順位と席次を混同してはいけない」

と反論した。

この件に関しては竹田のほうが正しいのだが、男系カルト・ネトウヨからは竹内久美子に賛成する者が続出し、竹田には、

「じゃあ秋篠宮さまが間違っているのか！」

「このような御仁は皇族の恥、菊栄親睦会の恥、つまり日本の恥」（竹田は皇族じゃないのだが！）

「竹田恒泰氏こそ血筋を売り物にする商業保守」（これは正しいのだが！）

「尊い秋篠宮殿下を嘘で貶めた非礼不敬は　皇祖神、神武天皇から連なり世界の頂点に君臨する日本の皇室の血統を汚している」

といった非難が浴びせられた。

「男系継承」を主張し、「旧宮家」を自称する「明治天皇の玄孫」に対してさえも、「愛子さまの立ち位置が秋篠宮殿下よりも中央」であるのが正しいと言っただけでこれだけの悪口雑言を投げつけるのだから、もう何がしたいのかわからない。とにかく、何が何でも「男尊女卑」を叫びたいだけのようだ。

そして騒動の発信源である竹内は、重ねて、

「今回の最大の問題は、皇位継承者の秋篠宮皇嗣殿下よりも愛子さまが中央に立ってしまったこと。つまり次は愛子天皇であるとの大変危険なメッセージを内外に発信したことです。愛子さまの襟がC国風なのも気になります」

とツイートした。

「愛子さまの襟がC国風」というのは、このときの愛子さまのドレスの襟がチャイナ・ドレスのようだったと言いたいのだろうが、愛子さまが着ていたのは「ローブモンタント」という、れっきとした女性の昼の正礼装である。

何もモノを知らず、妄想だけで騒ぎ立てる竹内久美子。しかしその狂気が強ければ強いほど、より強固に男系カルトを引き付けるという状況ができ上がっているようだ。

そんな竹内久美子を『月刊WiLL』（ワック）はまだ使い続けている。3月号には対談記事が載り、そのタイトルは「異次元の少子化対策 キメテは性交二日前の〝ダム放出《オナニー》〟」だという。

誌面に起用する者の気も、読む者の気も知れない。

気のあり方が違いすぎて、理解ができない。

コロナ禍で中止が続いていた皇居の新年一般参賀が3年ぶりに開催された。愛子さまのご参加はこれが初めて。天皇陛下は「こうして皆さんと一緒に新年を祝うことをまことに嬉しく思います。本年が皆さんにとって安らかで良い年となるよう願っています」と述べられた［写真 共同通信社］

ゴーマニズム宣言
SPECIAL
愛子天皇論
第23章
いるいる詐欺は国賊です
その1

皇統問題には、もうとっくに結論が出ている。
愛子天皇しかあり得ない！
議論はとっくのとうに終わっていて、これ以上話しても何一つ意味はない。
それなのに、まだ「男系男子」に「固執」する「カルト」がいて、事態が動かないままになっている。
いまだに「コロナ脳」の洗脳が解除されなくて、経済が回らないのと一緒だ。

側室が存在せず、その復活もあり得ない現代において、男系男子のみで皇統を維持するのは不可能である！
それを可能にするために、男系固執カルトが提唱している唯一のプランは、1947年(昭和22年)に皇籍を離れた「旧皇族」の子孫の男系男子を皇族にするという案だ。
「伏見宮家」から分かれた11宮家
伏見宮
伏見宮
梨本宮
伏見宮
山階宮
久邇宮
賀陽宮
朝香宮
東久邇宮
北白川宮
竹田宮
閑院宮
東伏見宮
博明王
武彦王［この代で廃絶］
朝融王
恒憲王
鳩彦王
稔彦王
道久王
恒徳王
春仁王［この代で廃絶］
周子妃［この代で廃絶］
守正王
旧皇族とは、1947年に皇籍を離れた11人の宮家当主とその家族のこと。
伏見家［のち廃絶］
久邇家
賀陽家
朝香家
東久邇家
北白川家［のち廃絶］
竹田家
梨本家［のち廃絶］
その後に生まれた子孫はあくまでも一般国民！
といっても「男系」では約600年も遡らなければ、天皇陛下とは共通の祖先にならない。
【持明院統】
92伏見
93後伏見
95花園
【北朝】
I光厳
II光明
III崇光
IV後光厳
V後円融
栄仁親王
貞成親王
100後小松
101称光
91後宇多
94後二条
【南朝】
96後醍醐
97後村上
98長慶
99後亀山
106正親町
誠仁親王
107後陽成
108後水尾
109明正
110後光明
111後西
112霊元
113東山
114中御門
117後桜町
116桃園
118後桃園
直仁親王
典仁親王
119光格
120仁孝
121孝明
122明治
123大正
124昭和
125上皇
126今上
伏見宮系は男系では北朝第三代の皇子栄仁親王としかつながらない
そして、安定的に皇室が維持されるためには、あと4つの宮家が必要なので、4人の旧皇族系の男系男子を皇族にすればいいというのだ。
だが、この議論は根本から終了している。
なぜなら、肝心のこれから皇族になってもいいという旧皇族系の男子など一人もいないからだ。
4人どころか一人もいないのだ！

旧皇族の子孫は、全員、生まれたときから一般国民であり、国民としての権利を持って生活し、人間関係を築いている。
そのすべてを捨てて、憲法で保障された「基本的人権」のない皇族になりますという男子なんて、いるわけがない。
自由はいりません！
家族は捨てます！
職業も友人も捨てます！
宗教も捨てる！
旅行も遊びもしません！
国民のためだけに生きる！
私を捨て、公のために尽くします！
実際、今まで複数のメディアが当事者に取材をかけているが、皇族になると答えた者は一人もいないのである。
存在しない！
これだけで男系派のプランは、最初から破綻している。
当事者がいないのに、「男系こそが正統である」「男系のみが伝統である」「女系では王朝が変わる」なんてことを、蘊蓄振り回して主張したって、まったくの無意味！

政府も厚労省もマスコミも、自らの犯罪の巨大さが凄すぎて、「謝罪したら死ぬ病い」で認められない。この犯罪を糊塗するためには、「ワクチンのおかげで終息」というストーリーにするしかない。そしてまたワクチンの被害を増やすしかなくなる。

ところが、それでも男系固執カルトは、これから皇族になる旧皇族系の国民男子が「いる」と言い張るのだ。
なぜ？
しかもよく聞くと、『いると聞いている』だの、『時が来れば名乗りを挙げると聞いた人がいる』だのという話ばかりで、直接に「私は見た」と言っている人はまったくいない！
男系派は全員「いる」と言うからいるに違いない。
人徳ある立派な青年らしいぞ。
「いる」というもっぱらのウワサよ。
子供を物心つかないうちに、養子にしちゃえ！
慰安婦の「強制連行説」によく似ている。
「噂話」しかないのだ！
ただし、この世にたった一人だけ、
私は皇族になってもいいと言う旧皇族系の人を見たことがある、それどころか話し合って意思を確認したことがある。
…と言っている人がいて、その証言がなんと新聞の1面に載ったことがある。

もうとっくに待ったなし状態になっている皇統問題、いま動かさなければ完全に手遅れになる！ ブログマガジン「小林よしのりライジング」でもこの問題は深掘りします。もちろんコロナ戦犯の掃討戦も続行！ 生放送「オドレら正気か？」も爆笑配信中！ ニコニコチャンネルの「小林よしのりチャンネル」に入会して読もう、見よう!!

それがこれだ！

男系維持へ「一族として応える」

旧皇族の大半 皇籍復帰要請あれば

終戦直後に皇籍離脱した旧皇族の多くが、皇位の男系継承を維持するために皇籍復帰を要請されれば、「一族として応えるべきだ」とする意向を固めていることが分かった。主に現在の宮家と養子縁組することで、男系を継承することを想定している。

旧皇族の慶応大講師、竹田恒泰氏(36)＝写真＝が、3月1日発売の月刊「正論」4月号に寄せた論文で明らかにした。皇統問題で旧皇族の意向が文書で公表されるのは初めて。女系天皇容認につながると懸念される「女性宮家」創設を念頭に、政府が検討する皇室典範改正作業への影響は必至だ。

論文によると、竹田氏は昨年11月～2月中旬、皇位継承問題について旧皇族20人以上と意見交換。大多数が男系の皇統は維持されるべきだと考えており、女性・女系天皇を積極的に容認する人はいなかった。男系維持のため皇籍復帰を要請されれば、「一族として要望に応える覚悟を決めておかなければならない」と考える人が大半を占めたという。

論文は、寛仁親王殿下の長女、彬子さまが今年1月7日付の毎日新聞のインタビューで、女性宮家創設だけが議論される現状に「違和感」を表明、「男系で続いている旧皇族にお戻りいただくとか、現在ある宮家をご養子として継承していただくとか、他に選択肢もあるのではないかと思います」と発言されたことを紹介。このうち養子継承案が注目されているとし、旧皇族一族には少なくとも9人の未婚男子と、ここ数年内に結婚した5組の男系夫婦がいて、通常の養子や婿養子、夫婦養子となることが可能だと指摘している。

竹田氏は「皇室から、そして国民から求められた場合には、責任を果たしていかなくてはいけないと（すでに）覚悟している者が複数いて、その数が増えつつある」としている。竹田氏が意向を確認した旧皇族は、占領政策で皇室が経済的に圧迫され、昭和22年に皇籍離脱を余儀なくされた旧11宮家（うち4家は廃絶）の男系子孫たち。

（産経新聞2012年2月29日）

この記事では、その証言者を「旧皇族の慶応大講師、竹田恒泰氏」と紹介している。
だが、竹田は「旧皇族」ではない！
単なる一般国民である！
旧皇族とは「元皇族」であって、皇族として生まれ育ち、後に国民になった人のことである。
その子孫は、生まれたときから一般国民であり、「旧皇族系国民」とは言えるが、決して「旧皇族」ではない。
それは「消防署の人」と、「消防署のほうから来た人」くらいの違いがある。

ところがこの記事の最後には旧皇族の定義を、「占領政策で皇室が経済的に圧迫され、1947年(昭和22年)に皇籍離脱を余儀なくされた11宮家(うち4家は廃絶)の男系子孫たち」と書いている！
男系維持へ「一族として応える」
旧皇族の大半 皇籍復帰要請あれば
これでは読者が旧皇族の子孫も旧皇族であり、竹田恒泰も旧皇族だと勘違いしてしまう！
実はこの記事は、その翌日に発売された産経新聞社の雑誌『正論』2012年4月号に掲載された、「皇統問題 旧皇族一族の覚悟」と題する竹田恒泰の文章の宣伝だったのだ！
記事中では「論文」と称しているが、わしには「論文」などと呼べるものとは思えない。
正論 4
産經新聞

それがこれだ!
「女性宮家」創設論の陥穽
皇統問題　旧皇族一族の覚悟
皇統をめぐって続く議論。旧皇族として、我々は何を考え、何をなすべきなのか
竹田恒泰
そこで、この文章について検証してみることにしよう。
まず冒頭、竹田は「旧皇族」の定義についてこう書いている。
「本稿では占領軍の圧力により昭和二十二年に皇籍離脱した旧十一宮家の一族を『旧皇族』ということにする」
何が「本稿では」だ?
何が「ということにする」だ!?
竹田は自分で勝手に定義を変え、皇籍を離脱した本人だけでなく、まったくの一般国民として生まれ育ったその子孫まで、その「一族」に連なってさえいれば、「旧皇族」だということにして、自分もれっきとした「旧皇族」であると称したのだ。

この記事では、読者が竹田のこの勝手な定義を何の疑いもなく受け入れ、竹田恒泰が正真正銘の旧皇族だと信じてしまうだろう。
産經新聞
そして竹田は、この文章でこう記す。
「私は二十人以上の旧皇族一族と会い、もしくは電話などにより、皇統の問題について意見交換してきた。なかには、この問題について話し合うために旧皇族の一部が集まった会合も複数回あった。」
なんと、この日本のどこかに「旧皇族一族」とかいう、犬神家みたいな「一族」がいて、密かに皇統問題について話し合っていたらしいのだ。
男系固執カルトなど、まったく自分でモノを考えない、調べようともしないパープリンしかいない。
そんな奴らを騙すことなど、竹田にとっては赤子の手をひねるよりもたやすいのだ。
ごーまんかましてよかですか?
次回、その内容について、さらに分析していこう。

ゴーマニズム宣言SPECIAL
愛子天皇論
第24章
いるいる詐欺は国賊です　その2

竹田恒泰は雑誌「正論」2012年4月号に掲載された「皇統問題　旧皇族一族の覚悟」と題する文章で、こう記す。
皇統問題　旧皇族一族の覚悟
「私は二十人以上の旧皇族一族と会い、もしくは電話などにより、皇統の問題について意見交換してきた。なかには、この問題について話し合うために旧皇族の一部が集まった会合も複数回あった」
ほおおおお…
そこまで言っていいのか？

ウクライナ戦争で、ネット民が、マスコミの逆張りで陰謀論を信じて、「ウクライナにも非はある。プーチンは悪くない」の大合唱。コロナやワクチンで陰謀論を信じた連中と、陰謀論を避けたわしとの微妙な差は、ウクライナ戦争の評価で大きく開いてしまった。

ところが、続けて竹田は、こう記している。
「誰が、いつ、どこで集まり、誰がどのような意見を述べたかなど、話の中身については一切語ることができないが、一連の対話のなかで私が思ったことを述べることにしたい」
はあああああ？？？
なんと竹田は、旧皇族一族とは誰か？どこにいるのか？一切明かせないが、自分だけは会った、話を聞いたと言っているのだ！
旧皇族一族を見た
旧皇族 その数20以上
複数回の旧皇族集会
私は旧皇族との意見交換をした
私は見た。
見た！聞いた！話した！
私だけが知っている！
それはいる！
存在している！

陰謀論者は、「ウクライナのネオナチが東部のロシア系住民を虐殺している」と言っているが、そんな証拠はどこにもない。「アゾフ連隊」はフーリガンが国家に組み込まれたもの。プーチンはウクライナの「非ナチ化」と言うが、ユダヤ人のゼレンスキーの祖父はナチスと戦ってきた人物。

普通、こういうことを書くのなら、少しは具体性を持たせるために、個人を特定されない程度に、年齢は何十代とか、何関係の仕事とか書くだろう。
ところが旧皇族一族(?)には、証拠らしきものが何もない!
いるらしい
やっぱりいたか
立派な人らしい
なぜ男系派はこれが信じられるのか?
ネッシーにはシルエットだけの写真がある。
雪男にはビッグフットという足跡がある。
それで竹田はこう記す。
「先ず、現状において、少なくとも私が接触した旧皇族の中で、女性天皇と女系天皇を積極的に容認する意見を持つ者は一人もいなかった。私の知る限り、大多数が、皇位は伝統に則り男系により継承されるべきと考えている」
どこにいるのかわからない、竹田にしか見えない旧皇族一族の中では、そんな意思統一がされているらしい。

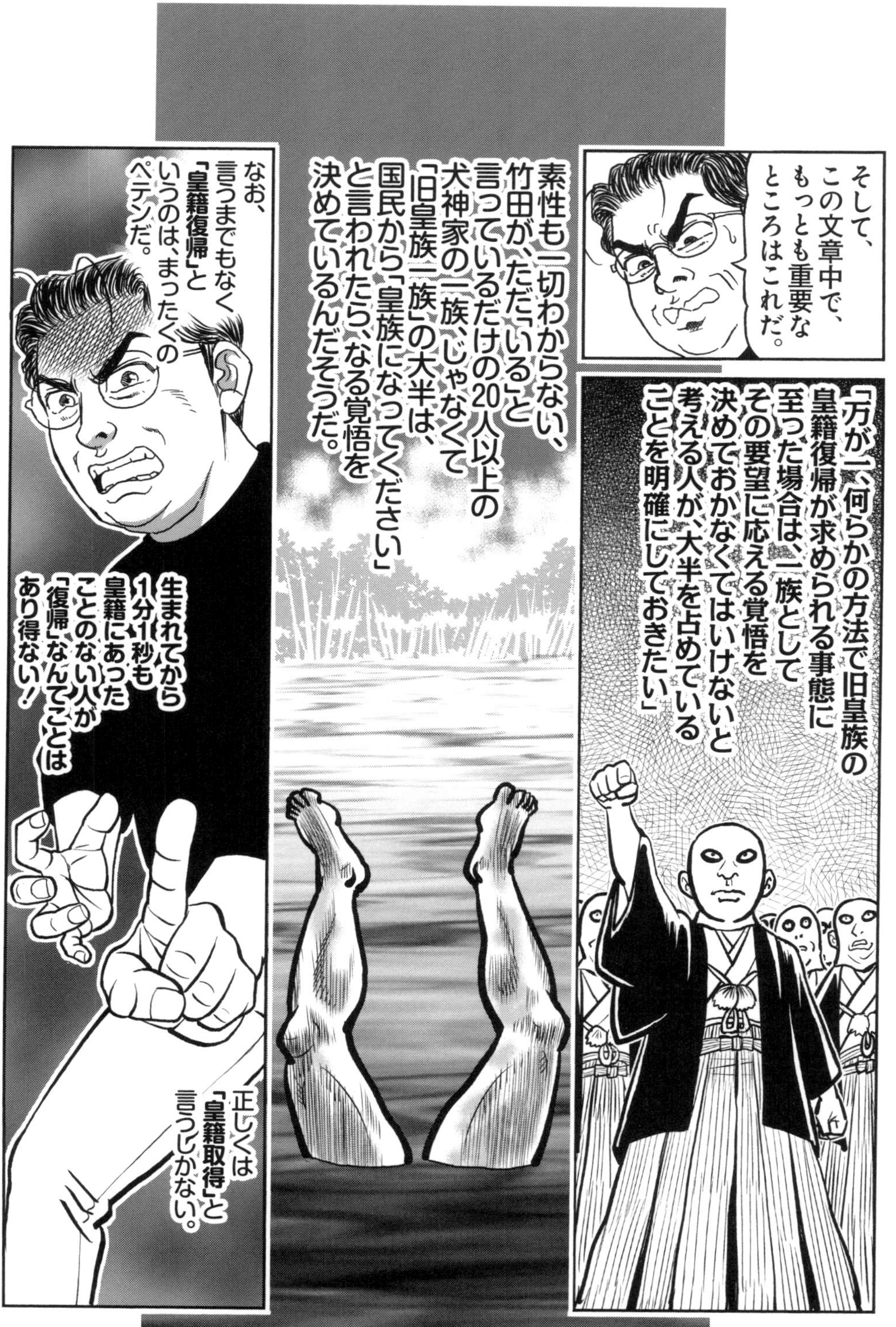
そして、この文章中で、もっとも重要なところはこれだ。
「万が一、何らかの方法で旧皇族の皇籍復帰が求められる事態に至った場合は、一族としてその要望に応える覚悟を決めておかなくてはいけないと考える人が、大半を占めていることを明確にしておきたい」
素性も一切わからない、竹田が、ただ「いる」と言っているだけの20人以上の犬神家の一族、じゃなくて「旧皇族一族」の大半は、国民から「皇族になってください」と言われたら、皇族になる覚悟を決めているんだそうだ。
なお、言うまでもなく「皇籍復帰」というのは、まったくのペテンだ。
生まれてから1分1秒も皇籍にあったことのない人が「復帰」なんてことはあり得ない！
正しくは「皇籍取得」と言うしかない。

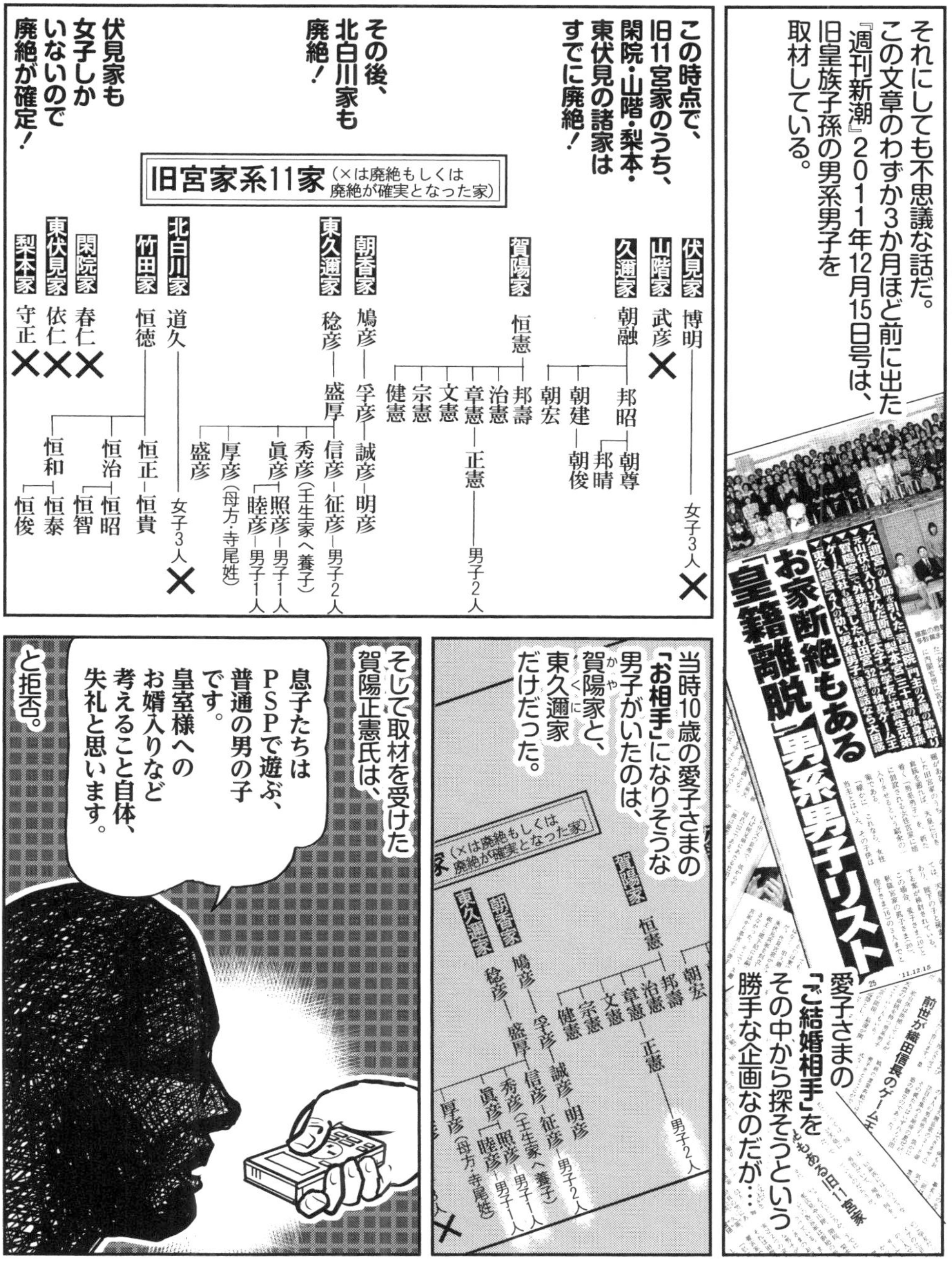
それにしても不思議な話だ。
この文章のわずか3か月ほど前に出た『週刊新潮』2011年12月15日号は、旧皇族子孫の男系男子を取材している。
お家断絶もある「皇籍離脱」男系男子リスト
愛子さまの「ご結婚相手」をその中から探そうという勝手な企画なのだが…
この時点で、旧11宮家のうち、閑院・山階・梨本・東伏見の諸家はすでに廃絶！
その後、北白川家も廃絶！
伏見家も女子しかいないので廃絶が確定！
旧宮家系11家（×は廃絶もしくは廃絶が確実となった家）
伏見家 博明 女子3人 ×
山階家 武彦 ×
久邇家 朝融 邦昭 朝尊 邦晴 朝建 朝俊 朝宏
賀陽家 恒憲 邦壽 治憲 章憲 正憲 男子2人 文憲 宗憲 健憲
朝香家 鳩彦 孚彦 誠彦 明彦
東久邇家 稔彦 盛厚 信彦 征彦 男子2人 秀彦（壬生家へ養子） 照彦 男子1人 眞彦 睦彦 男子1人 厚彦（母方・寺尾姓） 盛彦
北白川家 道久 女子3人 ×
竹田家 恒徳 恒正 恒貴 恒治 恒昭 恒智 恒和 恒泰 恒俊
閑院家 春仁 ×
東伏見家 依仁 ×
梨本家 守正 ×
当時10歳の愛子さまの「お相手」になりそうな男子がいたのは、賀陽《かや》家と、東久邇《くに》家だけだった。
そして取材を受けた賀陽正憲氏は、
息子たちはPSPで遊ぶ、普通の男の子です。皇室様へのお婿入りなど考えること自体、失礼と思います。
と拒否。

ブログマガジン「小林よしのりライジング」はコロナとウクライナ、2正面作戦に突入！ プーチンのデマや陰謀論を信じる者まで出てくる言論混乱状況の中、常識に基づいた分析を発信。デマ情報を基に子供へのワクチン推進が行われる危機にも即応！ 情報戦の死闘は続く！

もう一方の東久邇征彦氏も、
そんなお話になってもお断りさせていただくと思います。息子には普通に生活してほしいと思っていますので。
と、「当惑しきり」だったという。

いったいどこに、自らが皇族になってもいいと言っている「旧皇族」がいるというのだろう？
それも20人以上も？？？？？

旧宮家系 11家

伏見家 博明（90歳）—女子3人

久邇家 朝融（故人）
- 邦昭（92歳）— 朝尊（66歳）、邦晴（60歳）
- 朝建（82歳）— 朝俊（50歳）— 男子1人
- 朝宏（78歳）

賀陽家 恒憲（故人）
- 邦壽（故人）
- 治憲（故人）
- 章憲（故人）— 正憲（62歳）— 男子2人
- 文憲（故人）
- 宗憲（故人）
- 健憲（故人）

朝香家 鳩彦（故人）—孚彦（故人）—誠彦（78歳）—明彦（49歳）

東久邇家 稔彦（故人）—盛厚（故人）
- 信彦（故人）— 征彦（48歳）— 男子2人
- 秀彦（壬生家へ養子）
- 眞彦（69歳）— 照彦（42歳）— 男子1人、睦彦（41歳）— 男子1人
- 厚彦（寺尾姓）
- 盛彦（54歳）

竹田家 恒徳（故人）
- 恒正（81歳）— 恒貴（47歳）— 男子1人
- 恒治（77歳）— 恒昭（42歳）、恒智（41歳）
- 恒和（74歳）— 恒泰（46歳）、恒俊（43歳）

【廃絶】
北白川家
山階家
閑院家
東伏見家
梨本家

ともかく『週刊新潮』も、日本中の全メディアも、その場所を把握することのできない「隠れ里」のようなところが、この日本のどこかにあって…
そこに皇族候補となる20人以上の「旧皇族一族」がいるらしい。

そのうえで竹田はこう書いている。
「女系派は、復帰の意思がある旧皇族を出せというが、手を挙げさせて叩く戦法だろう。政治家の選挙とは異なるため、皇族になりたい者が自ら名乗り出るなど、あろうはずもない。しかし、もし皇室と国民から求められたら、覚悟を決める空気は旧皇族の中に形成されつつあることは確かだ」
姿も見ないで求める気にならないんだがな〜〜〜〜？
これは「皇籍取得するる男系男子がいるのなら、記者会見して、まず国民に紹介しろ！」と、10年前から言っているわしへの予防線だ。
人物の記者会見をしろ！
直系の愛子内親王よりも、いきなり出てきた誰とも知れない人物の血統の方が、皇位継承者として正統性があると言われて、「国民が納得するかどうか」を試してみなければ、話にならないではないか！
皇室復帰志願者
この4名!
旧宮家子孫の人を皇族に 「皇統は安泰」と 統はいるが なりたがる男は
皇族志願者発表
この4人だ！
希望は叶えられない！
この4人がこれから皇族です。さあ敬意を払ってください！
だが、これもおかしな話で、「皇室と国民から求められたら」と言ったって、誰にそれを求めればいいのだ？
どこにいるのか、本当にいるのかどうかもわからない人に、どうやって「皇族になってください」と要望すればいいのだ？
知らぬ男たちよ、天皇になってくれ。
どなたかさん。見たこともない男系男子さん。皇族になってください。

「いない」ものを「いる」と信じ込んで、「噂」で政治に影響を与えるのは、実に悪質なカルトだ！

まず、この人がいるということを記者会見で示してもらわないと、どうにもならないではないか！
我々、覚悟してます！
ごーまんかましてよかですか？
竹田の記事が出てからもう10年！
20人以上「いる」はずの「旧皇族」の存在は、いまだに、竹田以外の人には、一人も確認されていない。
まるでネッシーか、宇宙人か、ビッグフットみたいである！
「いる！いる！いる！」という「噂話」を10年以上、信じ込んでいる男系固執派は、間違いなくカルト信者である！
見たことないけど、いるーっ！
いない者を「いる」と言って証拠も示さず、皇室を消滅の危機に追い込んでいる。
これはとんでもない詐欺事件ではないか？
いるいる詐欺は国賊である！

ゴーマニズム宣言SPECIAL
愛子天皇論
第25章
いるいる詐欺は国賊です
その3

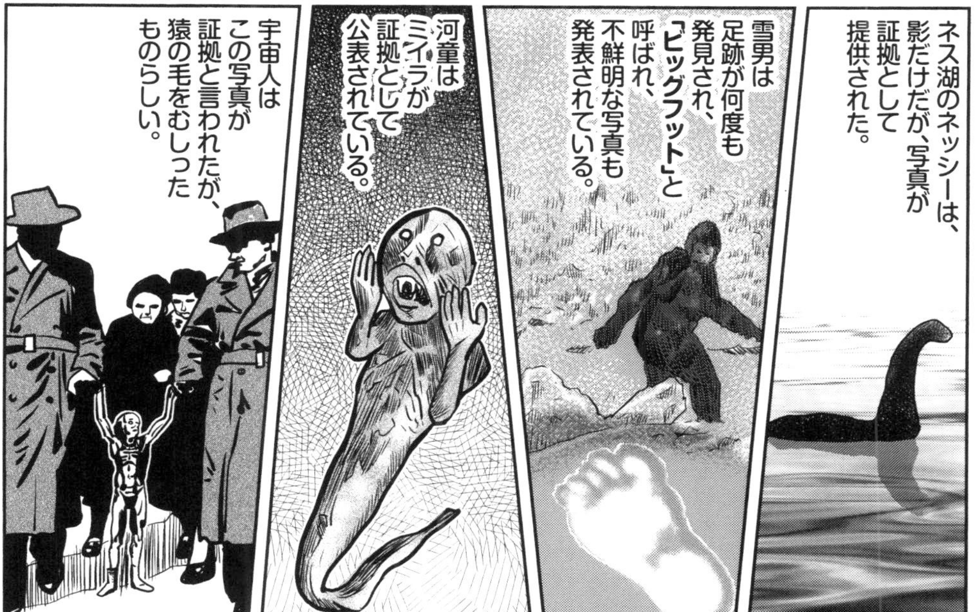
ネス湖のネッシーは、影だけだが、写真が証拠として提供された。
雪男は足跡が何度も発見され、「ビッグフット」と呼ばれ、不鮮明な写真も発表されている。
河童はミイラが証拠として公表されている。
宇宙人はこの写真が証拠と言われたが、猿の毛をむしったものらしい。

わしは全部信じないのである！
そんなものは常識で判断できる。
いないものはいない！
噂を信じちゃいけないよと山本リンダも言っている。
竹田恒泰の記事が世に出てから、もう10年も経つのだが、20人以上いるはずの「旧皇族」の存在は、竹田以外の人には、いまだに一人も確認されていない。
「女性宮家」創設論の陥穽
皇統問題 旧皇族一族の覚悟
竹田論文を自称保守の連中が全員読んで、「噂」としてどんどん広まり、「都市伝説」のように語られるようになった。
皇族になる覚悟を持った男系男子がいるらしい。
いると聞いている。
立派な青年がいるらしい。
物心ついていない子供を親から奪って、養子にすればいいらしい。
いっそ家族ごと皇族にしてもいいらしい。

※「旧宮家系の男系男子の皇籍復帰」という言葉はデタラメな印象操作である。旧宮家系の男系男子は、もはや一般国民であって、国民として生まれ、国民として育っている。皇族になったことなど一度もない！したがって皇族に「復帰」などできない。やれることは「皇籍取得」しかない。
ネス湖のネッシーもビッグフットも実在しない。
ウワサだけの男系男子も同様だ。
宇宙人はいる。だが地球には来ていない。
旧宮家系の男系男子はいる。
だが生まれたときから一般国民として育ち、自由を捨てて皇族になりたがる者などいない！
竹田の文章は、雑誌『ムー』に載るべき内容だったのだ。
ムー
旧皇族一族を見た
だがいまや「旧宮家系の男系男子の皇籍復帰」(?)(上に注※)は、皇位の安定継承に関する政府有識者会議の報告書に盛り込まれ、それがそのまま、政府の正式な案として、国会に提出されているのである。
狂っている！
この事態はもう、10年前に覚悟を固めているはずの旧宮家系男系男子4名が、記者会見して、「我々がいる！」と宣言しなければならないときじゃないか!?
ジャーン
皇族になる覚悟あり
バシャ
バシャ
「いるいる詐欺」じゃないのなら！

だが、もう常識のある人なら、誰の目にも明らかだろう。
一般国民に生まれ、「俗域」に暮らした者が、人権も自由も捨てて国民のため、公のために尽くすことなど不可能である。
そんな人はいないのだ！
雑誌『正論』に載ったこの竹田の駄文は8ページあるが、肝心の「旧皇族一族の覚悟」は最初の1ページ半、こんな具体性のない、一読して怪しいとわかる話が書かれているだけだ。
ところが男系派は、全員これを信じたのである。
男系派は「皇籍復帰」する「旧皇族」が「いる！いる！」と主張し続けていて、わしはそれを「いるいる詐欺」と批判してきたが、奴らの根拠はすべて、竹田恒泰のペテン文だったのである。
安倍晋三の側近で、文部科学大臣も務めた衆院議員・柴山昌彦は、皇籍取得の意向を持つ旧皇族系男子が「2ケタいる」と断言したが、その根拠も間違いなく竹田だ。
皇統問題　旧皇族一族の覚悟
竹田恒泰

竹田が「20人以上の旧皇族のうち大半が覚悟を固めた」と言ったから、10数人はいるのだろうと思っていただけなのだ。
うちのスタッフの時浦はツイッターで柴山に「2ケタいるというのは、自分で確かめたのか？」としつこく質問したが、柴山は一切答えず、最後には「クズ。」と罵倒してブロックした。
柴山昌彦 @shiba_masa
賀陽、東久邇、竹田家など、確かに対象者は二桁。RT @dagkemp:この地球上で、竹田恒泰ただ一人が言っている！
柴山昌彦 @shiba_masa
逃げも隠れもしない。機微に触れる事柄は絶対コメントしてはならないので誰が何と言おうと時期が来るまで話さない。RT
柴山昌彦 @shiba_masa
クズ。RT
だが「男系継承」に固執していた安倍政権がこの竹田の発言を把握していなかったわけはないし、当然、その裏付け調査もしたはずだ。
柴山は「日本会議国会議員懇談会」の皇室制度を巡る勉強会の座長代理も務めていたが、その勉強会に真っ先に招いたのも竹田恒泰だった。
クズはてめーだろうが！柴山ーーーっ！
皇位の安定継承
「そして安倍晋三総理は2019年3月20日、国会においてこう答弁した。

皇籍を離脱された方々はもうすでに、これは…70年以上前の出来事でございますから、今は言わば民間人としての生活を営んでおられるというふうに承知をしているわけでございます。それを私自身がまたGHQの決定を覆すということはまったく考えていないわけでございます。
旧皇族系男子の皇籍取得案の完全否定である。
実際調べてみたら、いなかったから、こう答弁せざるを得なくなったのだろう。
そうなれば、あとは双系継承を認め、愛子天皇への道を開く以外にないのだが、その責任を果たすこともなく、安倍も柴山もトンズラした。
カサカサ
カサ
カサー

わしの批判に反論するには、皇族候補者の記者会見をするしかない。悠仁さま一人になってから、「旧宮家系・男系男子で皇籍取得していいという者がいなかった」ということになれば、笑い話じゃすまない。皇室消滅が確定するのだ。

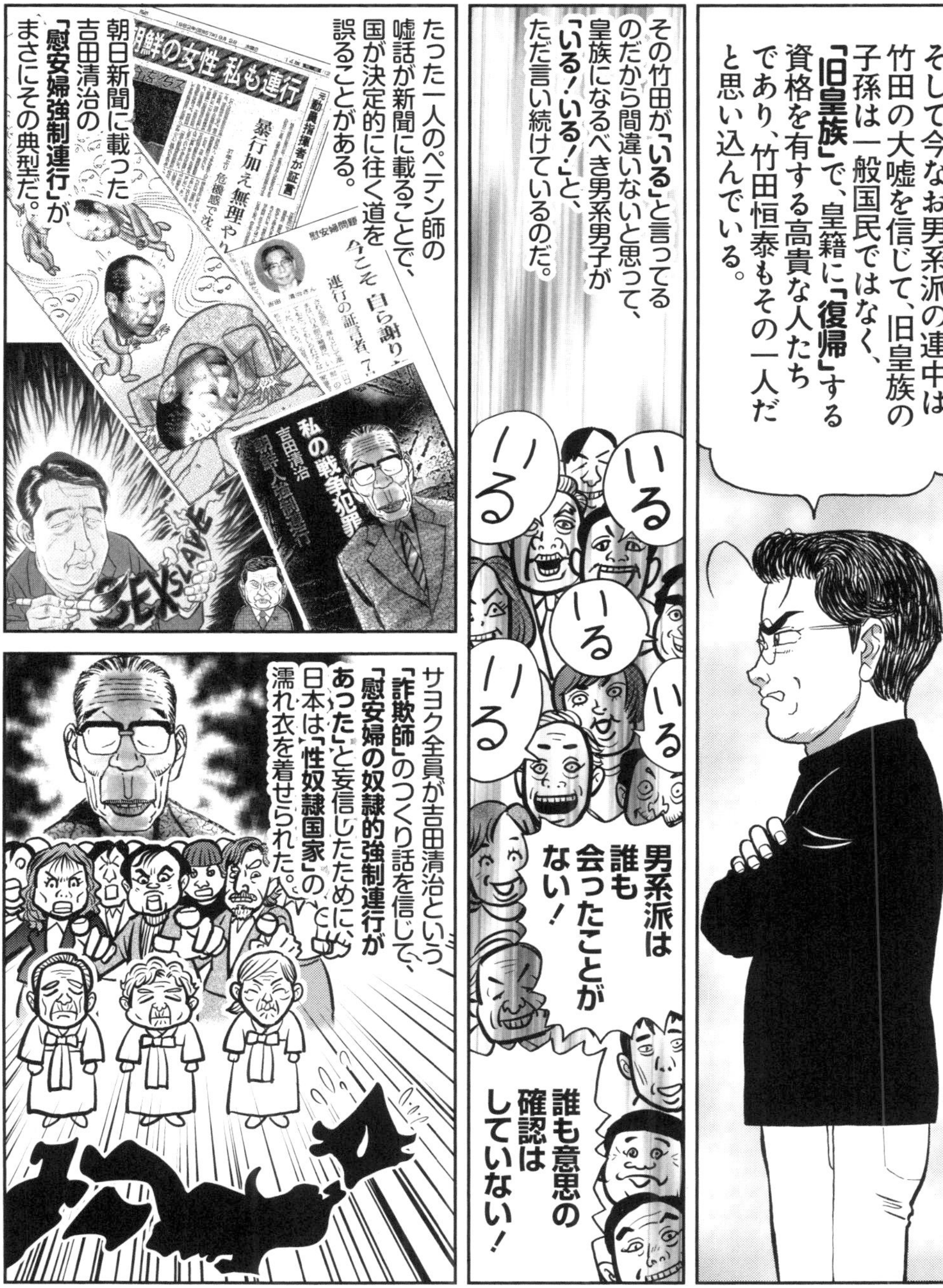

そして今なお男系派の連中は竹田の大嘘を信じて、旧皇族の子孫は一般国民ではなく、「旧皇族」で、皇籍に「復帰」する資格を有する高貴な人たちであり、竹田恒泰もその一人だと思い込んでいる。
その竹田が「いる」と言ってるのだから間違いないと思って、皇族になるべき男系男子が「いる！いる！」と、ただ言い続けているのだ。
いる
いる
いる
いる
いる
いる
男系派は誰も会ったことがない！
誰も意思の確認はしていない！
たった一人のペテン師の嘘話が新聞に載ることで、国が決定的に往く道を誤ることがある。
朝日新聞に載った吉田清治の「慰安婦強制連行」がまさにその典型だ。
朝鮮の女性 私も連行
元動員指揮者が証言
暴行加え無理やり
慰安婦問題
今こそ 自ら謝りを
連行の証言者、7
私の戦争犯罪
吉田清治
朝鮮人強制連行
SEX SLAVE
サヨク全員が吉田清治という「詐欺師」のつくり話を信じて、「慰安婦の奴隷的強制連行があった」と妄信したために、日本は「性奴隷国家」の濡れ衣を着せられた。

4人の旧宮家系・男系男子を紹介したら、次は彼らを天皇陛下や皇族方が歓迎するか否かを確認しなければならない。皇室と国民、双方からの合意を形成する必要がある。妄想だけで済む話ではない。
吉田清治の「慰安婦強制連行」はサヨクが全員、騙された。
竹田恒泰の「旧皇族一族の覚悟」はウヨクが全員騙された。
歴史を振り返れば一目瞭然だが、吉田清治の虚偽・創作は、後にそれをもてはやした朝日新聞が記事を取り消し、全面謝罪に追い込まれた。
私の戦争犯罪
吉田清治
朝鮮人強制連行
ごーまんかましてよかですか？
皇室典範が改正されず、あと5〜6年で愛子さまが結婚し、民間人になれば、皇位継承者は、悠仁さま一人になる。
愛子さま
佳子さま
そのとき人々は「いるいる詐欺」にようやく気づき皇室の消滅が確実になる。
男系に固執した国賊たちはどう責任をとるつもりなのか!?
切腹する者が続出するに違いない！

いるいる詐欺は国賊です

2022.11 令和4年

たった一人のペテン師によって拡散された虚言。
それが、国の往く道を決定的に誤らせることがある!

その後——

その後も、誰一人として竹田恒泰の「旧皇族一族の決意」発言の真偽を検証した者はなく、裏の取れない証言をひたすら妄信している。それはまさに、吉田清治の「慰安婦強制連行」ウソ証言を妄信していたサヨクとまったく同じである。

「吉田証言」を記事にしていた朝日新聞は、批判に抗しきれなくなったかたちで2014年（平成26年）、検証記事を掲載するとともに吉田証言を虚偽と認め、過去の18本の記事を取り消し、謝罪した。

しかし、その後もネトウヨが「朝日は廃刊せよ」とのキャンペーンを張るなど批判は止まらず、ちょうどこれと同時期に福島第一原発事故を巡る「吉田調書」（政府事故調が吉田昌郎所長に聞き取り調査を行った際の記録）の誤報問題が重なったこともあり、新聞契約数が同年6月の740万部から10月には約700万部まで減少。9月中間決算では営業利益が50・5%減となった。

だが実は、吉田証言は朝日だけではなく、毎日・読売など他紙も記事にしていた。

特に朝日を強く追及した産経新聞も、1993年（平成5年）の大阪本社版夕刊の連載で、吉田を大きく取り上げていた。しかも、すでに当時は裏付ける証言がないことなど、信憑性に疑問の声が上がっていたにもかかわらず、「被害証言がなくとも、それで強制連行がなかったとは言えない。吉田さんが、証言者として重要な鍵を握っていることは確かだ」と報じていたのだ。

ところが、産経新聞は記事の撤回も謝罪もしないまま、朝日を責める側に回っていたのだった。

吉田証言に関しては朝日新聞がもっともさかんに報

じ、影響力も大きかったため、朝日一紙をスケープゴートにして他紙は責任逃れをすることができた。

だが、「竹田証言」をこれほどまで多く扱ったのは産経新聞だけである。ほかのどの媒体にも責任の転嫁はできない。

もしこれが虚偽だったら、とんでもないことになる。デマに基づいて皇位の安定継承を妨害し続けていただけということになるのだから、吉田証言とは比較にならない罪深さであり、記事の撤回だの謝罪だのという程度では到底済まされないだろう。

本当に男系固執派が皇位の安定継承を望むのなら、ただちに竹田証言の真偽を検証し、皇族になる男系男子が間違いなくいると確かめなければおかしい。

ところが誰もそれをしないのは、検証して虚偽だという結論が出るのが恐いからだろう。そうして、可能な限り結論を曖昧にして、「いるいる詐欺」を続けておきたいのだ。

それで、問題をできるだけ先延ばしして、いつかごまかしきれなくなったときに、もう皇位の安定継承が完全に「手遅れ」になっていたとしても、そんなことはまったく知ったこっちゃないのである。

連中は、日本を守ろうとも、皇室を守ろうとも、一切思っていない。

守りたいのは、自分の空虚なプライドだけなのだ。

皇統問題基本用語解説

✡

Byトッキー

✡ 〜系のいろいろ

【男系】《だん・けい》
父方の血筋によって継承する家系。

【女系】《じょ・けい》
母方の血筋によって継承する家系。

【双系】《そう・けい》
父方・母方どちらの血筋でも継承できる家系。

【雑系】《ざっ・けい》
男系だけが尊く、一例でも女系が混じって「双系」になったら、まったく意味のない家系になるという男尊女卑の極みとしか言いようのない用語。
竹田恒泰の造語であり、一般的には用いられない。

【男系主義】《だん・けい・しゅ・ぎ》
一つの例外もなく男系で継承しなければならないという考え方。
もともとはシナの儒教による、男尊女卑思想に基づく理念。
シナの正史に女性の皇帝は一人もいない。唯一の女帝である則天武后（在位690－705）は例外中の例外で、正史では皇帝と認められていない。
シナでは、庶民の家系図でも記されるのはすべて男性で、女性の当主は決してありえない。紀元前551年に生まれた孔子の家系図が現在の子孫まで受け継がれて更新され続けているが、これも一つの例外もなく男系男子のみの系譜である。
これに対して日本の皇統には8代10人もの女帝がおり、古代の時点ですでに「男系主義」としては破綻している。

【男系固執】《だん・けい・こ・しつ》
男系派は「男系主義」を標榜するが、前項のとおり、日本の皇統においてはとっくに「男系主義」は崩れている。日本の男系派は破綻した男系主義にこだわっているため、これを「男系主義」と呼ぶべきではなく、正確にいうならば「男系固執」とでもするしかない。
したがって、本書では原則として「男系主義」の語を使用せず、「男系固執」と呼称している。

【女系主義】《じょ・けい・しゅ・ぎ》
一つの例外もなく女系で継承しなければならないという考え方……ということになるが、そんな主張をしている人はいない。
「女系継承を認めるべき」という主張は、女系のみで継承すべきというのではなく、男系・女系どちらの継承も認める「双系」にすべきというものなので、誤解のないように。

【双系主義】《そう・けい・しゅ・ぎ》

正確には、「双系主義」というものはない。「双系」とは男系でも女系でもいいという融通無碍なものだから、「主義」にはならないのである。

そしてこのように、絶対主義的にはならないというのが、本来の日本的感覚である。皇位継承のルールについても、古代においては原理原則があったわけではなく、男系も女系も関係なく適任者が選ばれていた。

ところがその後、シナ文明と共に「男系主義」が輸入され、これこそが「先進的」とされたために、後付けで「皇統は万世一系の男系」という観念が生まれ、この観念に合わせて、無理やりこじつける理屈がつくられた。そして今も、シナ文明に由来する男尊女卑感情に囚われた日本人が「男系固執派」になっている。

しかし、男系男子限定継承は側室（一夫多妻制）がなければ不可能であり、側室が廃止されている現在、このまま男系固執を続ければ皇統は断絶してしまう。

皇位継承を「双系」に戻すことこそが、シナ文明から皇統を守ることであり、本来の日本への回帰である。

【直系】《ちょっ・けい》

親から子へ、さらにその子へと、直接的に繋っていく系統。

【傍系】《ぼう・けい》

兄弟姉妹、おじ・おば、いとこ、甥・姪など、共通の祖先から分かれた系統。

【直系主義】《ちょっ・けい・しゅ・ぎ》

まずは直系による継承を優先し、直系の該当者が不在の場合は、傍系から「血縁が近い順」に継承者を決める。皇位継承にも採用されているルール。

【傍系主義】《ぼう・けい・しゅ・ぎ》

自民党衆院議員・長島昭久の造語。ツイッターで「有史以来、我が国の先人たちが苦心」して「男系継承を貫徹」させるために「傍系主義」を採ったと主張した。

だが「傍系主義」とは直系主義に対する理念なので、直系の子がいても継承させず、傍系のなかから「血縁が遠い順」に継承者を決めるということになり、そんなおかしなルールが成立するわけがない。

【男系カルト】《だん・けい・カルト》

天皇陛下直系の愛子さまを決して認めず、側室なしの男系限定は不可能であることや、「旧宮家系国民男子の皇籍取得」（後述）は憲法違反であることなど、誰でもわかるようなことを理解せず、実現不可能な男系男子限定継承を頑なに唱え続ける男系固執派の言説はあまりにも非常識であり、もはやカルト化しているという認識から発生した名称。

皇位継承問題に限らず、近年自称保守論壇内の言説全体が総じて非常識化していることから、「保守カルト」ともいう。

【直系カルト】《ちょっ・けい・カルト》

九州大学教授・施光恒の造語。２０２２年（令和４年）5月15日の公論イベント「よしりん十番勝負」に登壇した施は、現代でも男女の産み分けはできないにもかかわらず、「近代医学の進歩で男系継承は可能」と主張。思考が「男系カルト」化していることを指摘され、「男系カルトというが、直系カルトもいけない」と発言した。

皇室典範に採用されているのみならず、ごく一般的な家系でも見られる「直系継承」がなぜ「カルト」になるのか、まったく意味不明。

✡ 旧皇族・旧宮家に関して

【旧皇族】《きゅう・こう・ぞく》

「元皇族」ともいい、現在は二通りのケースがある。

一つは、婚姻により皇室を離れた女性。秋篠宮家の長女・眞子内親王殿下（小室眞子氏）、天皇陛下の妹・清子内親王殿下（黒田清子氏）など。

もう一つは、1947年（昭和22年）に皇室を離れた「11宮家」の人々で、「旧宮家」ともいう（次項参照）。「元皇族」「旧皇族」とは文字通り「元は皇族」「旧くは皇族」だった人のことであり、その子孫は含まれない。

旧皇族であっても一度皇籍を離れたら一般国民であり、その子孫も当然一般国民である。

【旧宮家】《きゅう・みや・け》

前項の「旧皇族」のうち、1947年（昭和22年）に皇籍離脱（後述）して民間の家となった元11宮家（伏見・山階・久邇・賀陽・朝香・東久邇・北白川・竹田・閑院・東伏見・梨本）をいう。

当時、宮家には合わせて51人の男女がいたが、それから76年が経過して存命者は少なくなっており、11家のうち6家は男子の跡継ぎがなくすでに廃絶、または当代限りでの廃絶が確定している。

あくまでも皇籍離脱当時に宮家だった「旧くは宮家」の者だけが「旧宮家」であり、その子孫は決して含まれない。

最年少の旧宮家男性は、皇籍離脱時3歳だった竹田宮恒治王（竹田恒治氏）で、現在78歳（２０２３年６月時点）。それよりも若い男子を「旧宮家」と称していたら、その時点で即座に「詐欺」または「無知」と断定していい。

【旧伏見宮系】 きゅう・ふし・みの・みや・けい

前項「旧宮家」の別称。

旧宮家の11家がすべて伏見宮邦家親王（1802－1872年）を共通の祖先とすることから、こう呼ばれる。

この共通祖先・伏見宮邦家親王も、男系では北朝第3代・崇光天皇の皇子、栄仁親王（1351－1416年）にしか繋がらない。

明治の皇室典範制定の際も、あまりにも血縁が遠いことに対する懸念が示されたが、皇統断絶の危機を回避するために必要という明治天皇の意向により、宮家として存続したとされる。

しかしその後、皇族の数が増えすぎるなどの弊害が生じたことから、1920年（大正9年）、「臣籍の降下に関する施行準則」によって、皇族として残れるのは特例でも天皇から長男の血筋で20世までと定められた。

【臣籍降下】 しん・せき・こう・か

旧憲法下で、皇族がその身分を離れること。

当時の皇室典範における「臣籍」（臣民としての身分）に下ることからこういい、臣籍降下した元皇族は華族に列せられた。

前項のとおり、伏見宮系皇族は最長でも20世をもって臣籍降下することが定められていた。なお、現在の旧伏見宮系子孫はすでに22～23世の世代になっている。

その他に、他家相続・婚嫁（「臣籍降嫁」ともいう）・権利剥奪・婚姻解消などによる降下があった。

【皇籍離脱】 こう・せき・り・だつ

現憲法下で、皇族がその身分を離れること。

現在は臣民の身分がなく「臣籍」が存在しないためこういい、華族の身分も存在しないため、皇籍離脱した元皇族は平民になる。

歴史上、臣籍降下した元皇族が復帰した例はあるが、皇籍離脱した元皇族が復帰した例はない。

戦後の伏見宮系皇族の皇籍離脱はGHQの意向を受けたものだったが、国内にもこれを機に血縁が遠すぎる伏見宮系を整理すべきだという認識が広がっており、当時この皇籍離脱に反対する声はほとんどなかった。

【旧宮家復帰】 きゅう・みや・け・ふっ・き

「旧皇族復帰」ともいう。

皇籍離脱した旧宮家の人物を再び皇族に復帰させて、皇位継承権を与えるというプラン。皇統の男系男子継承を維持するため、として提唱されている唯一の策である。

しかし、最年少の旧宮家でも天皇陛下よりも年長であり、この人物を復帰させても問題の解決にはならない。

そのため男系固執派は「旧宮家の子孫」を「旧宮家」と称し、これらの人たちを皇室に「復帰」させよと主張。この荒唐無稽なプランを「旧宮家復帰」と言っている。
だがこれは、「旧宮家」の項で述べた通り「詐欺」または「無知」である。
旧宮家の子孫は生まれたときから一般国民であり、旧宮家ではない。一分一秒たりとも宮家だったことのない人物が宮家に「復帰」するなど、あり得るわけがない。
ところが「旧宮家復帰」という言葉によって、旧宮家の子孫も「旧宮家」という特別な身分であり、皇室に「復帰」する資格があると誤解している者が非常に多い。
そもそも「旧宮家復帰」という言葉自体が、わざとそのような錯覚を起こさせるためのトリックワードであり、これは「宮さま詐欺」の常套句である。

【旧《きゅう》宮《みや》家《け》系《けい》国《こく》民《みん》男《だん》子《し》の《の》皇《こう》籍《せき》取《しゅ》得《とく》】

男系固執派の言う詐欺ワード「旧宮家復帰」を、正確に言い換えた語。高森明勅氏が提唱。
旧宮家の男子孫は「旧宮家」ではなく、「旧宮家系国民男子」である。

皇室に「復帰」するのではなく、新たに「皇籍取得」するのである。
本書等でも徹底してこの用語に基づいているが、なぜか一般マスコミには一向に浸透していかない。文字数が多いからか？　マスコミや大衆は、漢字5文字の用語までしか覚えられないのだろうか？
なお、旧宮家の子孫は一般国民である以上、これを特別扱いして皇籍を取得させることは「門地による差別」となり、法の下の平等を謳った憲法14条違反となることは本書で再三述べているとおりである。

☆　☆　☆

物事を正しく論じるには、正しい用語を使わなければいけない。
皇統問題では、間違った結論に導くために、わざと間違った用語を普及させる者までいるのだから、用語の使い方については、より一層慎重になる必要がある。

天皇系図

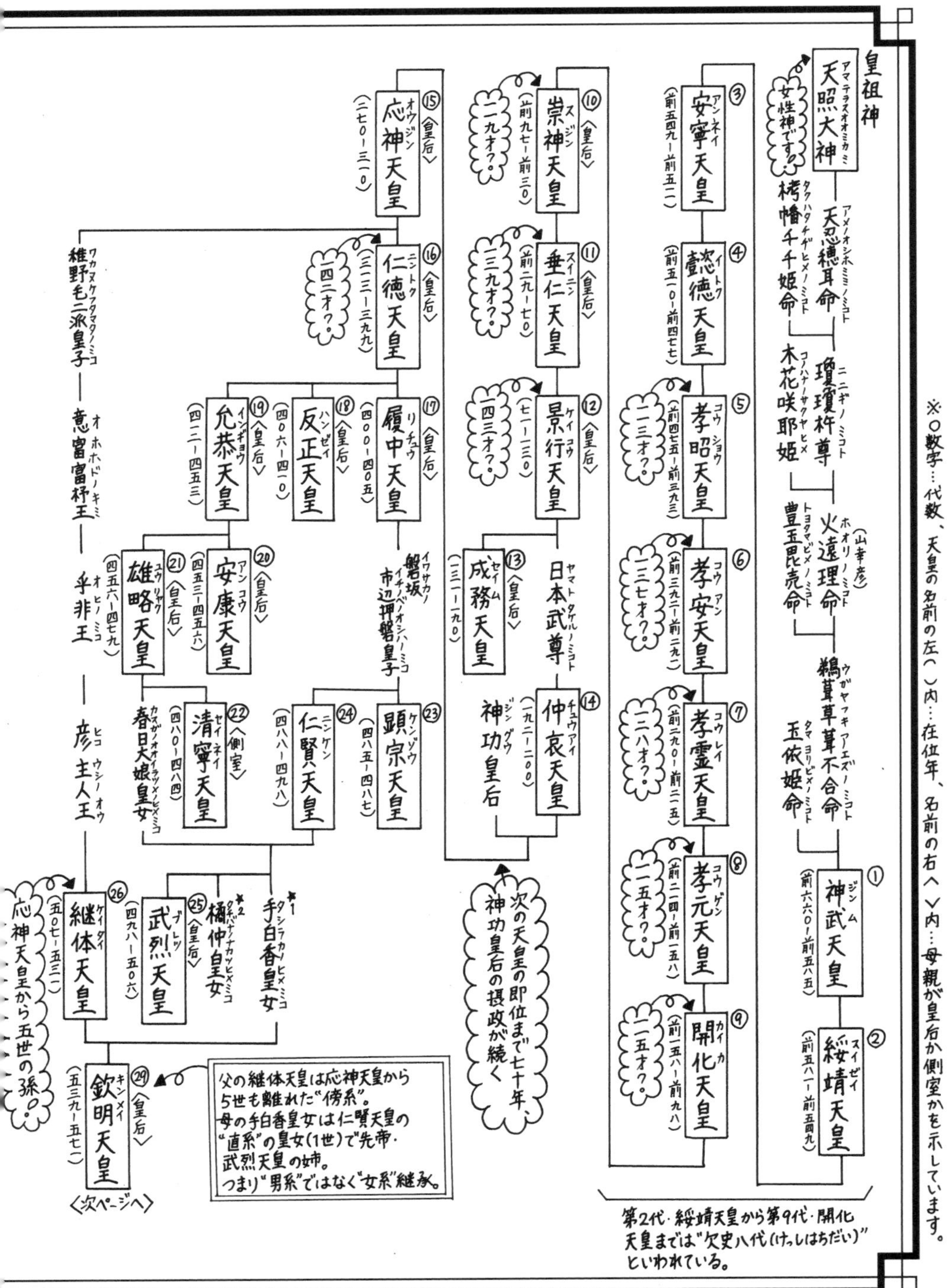
※○数字…代数、天皇の名前の左（　）内…在位年、名前の右〈　〉内…母親が皇后か側室かを示しています。
皇祖神
天照大神《アマテラスオオミカミ》
女性神です。
天忍穂耳命《アメノオシホミミノミコト》
栲幡千千姫命《タクハタチヂヒメノミコト》
瓊瓊杵尊《ニニギノミコト》
木花咲耶姫《コノハナノサクヤヒメ》
火遠理命《ホオリノミコト》（山幸彦）
豊玉毘売命《トヨタマビメノミコト》
鵜葺草葺不合命《ウガヤフキアエズノミコト》
玉依姫命《タマヨリビメノミコト》
①神武《ジンム》天皇（前六六〇－前五八五）
②綏靖《スイゼイ》天皇（前五八一－前五四九）
③安寧《アンネイ》天皇（前五四九－前五一一）
④懿徳《イトク》天皇（前五一〇－前四七七）
⑤孝昭《コウショウ》天皇（前四七五－前三九三）
一一三才？
⑥孝安《コウアン》天皇（前三九二－前二九一）
一三七才？
⑦孝霊《コウレイ》天皇（前二九〇－前二一五）
一二八才？
⑧孝元《コウゲン》天皇（前二一四－前一五八）
一一五才？
⑨開化《カイカ》天皇（前一五八－前九八）
一一五才？
第２代・綏靖天皇から第９代・開化天皇までは"欠史八代（けっしはちだい）"といわれている。
⑩崇神《スジン》天皇〈皇后〉（前九七－前三〇）
一二〇才？
⑪垂仁《スイニン》天皇〈皇后〉（前二九－七〇）
一三九才？
⑫景行《ケイコウ》天皇〈皇后〉（七一－一三〇）
一四三才？
⑬成務《セイム》天皇〈皇后〉（一三一－一九〇）
日本武尊《ヤマトタケルノミコト》
⑭仲哀《チュウアイ》天皇（一九二－二〇〇）
神功《ジングウ》皇后
次の天皇の即位まで七十年、神功皇后の摂政が続く
⑮応神《オウジン》天皇〈皇后〉（二七〇－三一〇）
⑯仁徳《ニントク》天皇〈皇后〉（三一三－三九九）
一四二才？
⑰履中《リチュウ》天皇〈皇后〉（四〇〇－四〇五）
⑱反正《ハンゼイ》天皇〈皇后〉（四〇六－四一〇）
⑲允恭《インギョウ》天皇〈皇后〉（四一二－四五三）
⑳安康《アンコウ》天皇〈皇后〉（四五三－四五六）
㉑雄略《ユウリャク》天皇〈皇后〉（四五六－四七九）
磐坂市辺押磐皇子《イワサカノイチノベノオシハノミコ》
㉒清寧《セイネイ》天皇〈側室〉（四八〇－四八四）
春日大娘皇女《カスガノオオイラツメノヒメミコ》
㉓顕宗《ケンゾウ》天皇（四八五－四八七）
㉔仁賢《ニンケン》天皇（四八八－四九八）
稚野毛二派皇子《ワカヌケフタマタノミコ》
意富富杼王《オホホドノキミ》
乎非王《オヒノミコ》
彦主人王《ヒコウシノオウ》
手白香皇女《タシラカノヒメミコ》※1
橘仲皇女《タチバナノナカツヒメミコ》※2
㉕武烈《ブレツ》天皇〈皇后〉（四九八－五〇六）
㉖継体《ケイタイ》天皇（五〇七－五三一）
応神天皇から五世の孫。
㉙欽明《キンメイ》天皇〈皇后〉（五三九－五七一）
〈次ページへ〉
父の継体天皇は応神天皇から5世も離れた"傍系"。母の手白香皇女は仁賢天皇の"直系"の皇女（1世）で先帝・武烈天皇の姉。つまり"男系"ではなく"女系"継承。

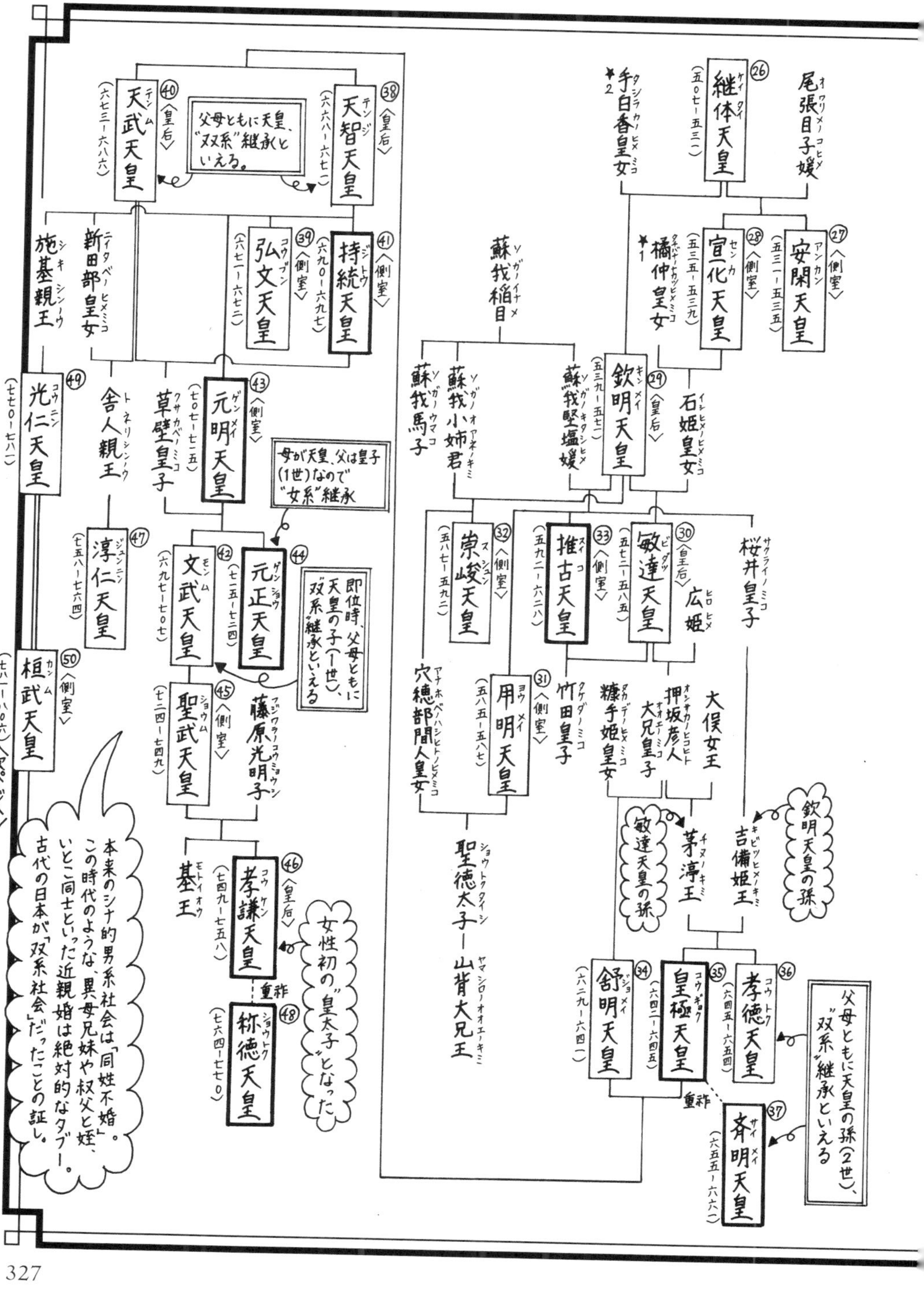

尾張目子媛《オワリメノコヒメ》
㉖ 継体天皇《ケイタイ》 (五〇七−五三一)
★2 手白香皇女《タシラカノヒメミコ》
㉗〈側室〉安閑天皇《アンカン》 (五三一−五三五)
㉘〈側室〉宣化天皇《センカ》 (五三五−五三九)
★1 橘仲皇女《タチバナノナカツヒメミコ》
蘇我稲目《ソガノイナメ》
㉙〈皇后〉欽明天皇《キンメイ》 (五三九−五七一)
石姫皇女《イシヒメノヒメミコ》
蘇我堅塩媛《ソガノキタシヒメ》
蘇我小姉君《ソガノオアネノキミ》
蘇我馬子《ソガノウマコ》
桜井皇子《サクライノミコ》
㉚〈皇后〉敏達天皇《ビダツ》 (五七二−五八五)
広姫《ヒロヒメ》
㉝〈側室〉推古天皇《スイコ》 (五九二−六二八)
㉜〈側室〉崇峻天皇《スシュン》 (五八七−五九二)
大俣女王
押坂彦人大兄皇子《オシサカノヒコヒトオオエノミコ》
糠手姫皇女
竹田皇子《タケダノミコ》
㉛〈側室〉用明天皇《ヨウメイ》 (五八五−五八七)
穴穂部間人皇女《アナホベノハシヒトノヒメミコ》
聖徳太子《ショウトクタイシ》—山背大兄王《ヤマシロノオオエノキミ》
欽明天皇の孫
吉備姫王《キビツヒメノキミ》
敏達天皇の孫
茅渟王《チヌノキミ》
㉞ 舒明天皇《ジョメイ》 (六二九−六四一)
㉟ 皇極天皇《コウギョク》 (六四二−六四五)
㊱ 孝徳天皇《コウトク》 (六四五−六五四)
重祚
㊲ 斉明天皇《サイメイ》 (六五五−六六一)
父母ともに天皇の孫(2世)、"双系"継承といえる
㊳〈皇后〉天智天皇《テンジ》 (六六八−六七一)
父母ともに天皇、"双系"継承といえる。
㊵〈皇后〉天武天皇《テンム》 (六七三−六八六)
㊶〈側室〉持統天皇《ジトウ》 (六九〇−六九七)
㊴〈側室〉弘文天皇《コウブン》 (六七一−六七二)
新田部皇女《ニイタベノヒメミコ》
施基親王《シキシンノウ》
㊸〈側室〉元明天皇《ゲンメイ》 (七〇七−七一五)
草壁皇子《クサカベノミコ》
舎人親王《トネリシンノウ》
㊾ 光仁天皇《コウニン》 (七七〇−七八一)
母が天皇、父は皇子(1世)なので"女系"継承
㊹ 元正天皇《ゲンショウ》 (七一五−七二四)
即位時、父母ともに天皇の子(1世)、"双系"継承といえる
㊷ 文武天皇《モンム》 (六九七−七〇七)
㊼ 淳仁天皇《ジュンニン》 (七五八−七六四)
㊿〈側室〉桓武天皇《カンム》 (七八一−八〇六)
〈次ページへ〉
藤原光明子《フジワラノコウミョウシ》
㊺〈側室〉聖武天皇《ショウム》 (七二四−七四九)
基王《モトイオウ》
㊻〈皇后〉孝謙天皇《コウケン》 (七四九−七五八)
重祚
㊽ 称徳天皇《ショウトク》 (七六四−七七〇)
女性初の"皇太子"となった
本来のシナ的男系社会は「同姓不婚」。この時代のような、異母兄妹や叔父と姪、いとこ同士といった近親婚は絶対的なタブー。古代の日本が「双系社会」だったことの証し。

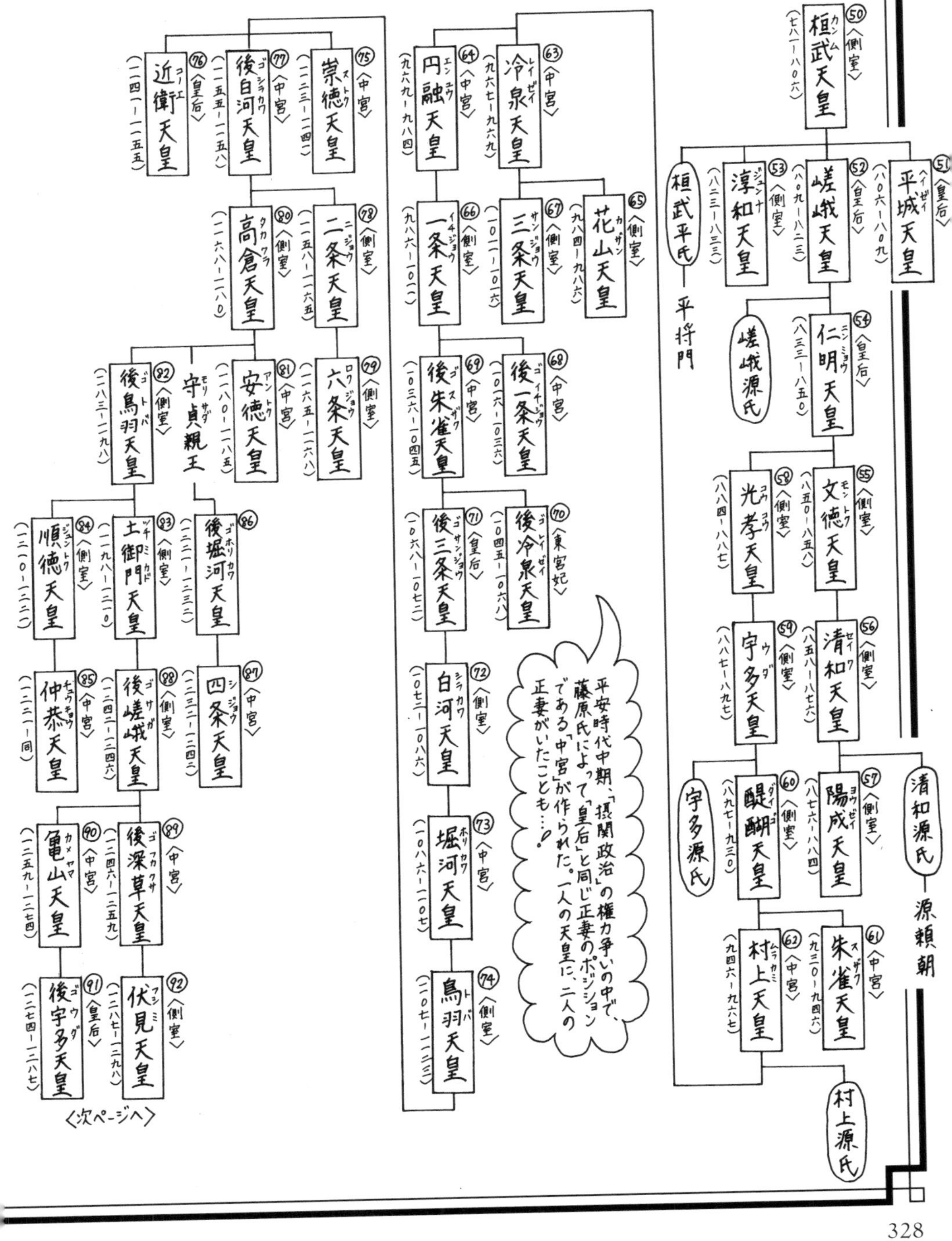
50〈側室〉桓武《カンム》天皇（七八一－八〇六）
51〈皇后〉平城《ヘイゼイ》天皇（八〇六－八〇九）
52〈皇后〉嵯峨天皇（八〇九－八二三）
53〈側室〉淳和《ジュンナ》天皇（八二三－八三三）
桓武平氏
平将門
嵯峨源氏
54〈皇后〉仁明《ニンミョウ》天皇（八三三－八五〇）
55〈側室〉文徳《モントク》天皇（八五〇－八五八）
58〈側室〉光孝《コウコウ》天皇（八八四－八八七）
56〈側室〉清和《セイワ》天皇（八五八－八七六）
59〈側室〉宇多《ウダ》天皇（八八七－八九七）
清和源氏
源頼朝
57〈側室〉陽成《ヨウゼイ》天皇（八七六－八八四）
60〈側室〉醍醐《ダイゴ》天皇（八九七－九三〇）
宇多源氏
61〈中宮〉朱雀《スザク》天皇（九三〇－九四六）
62〈中宮〉村上《ムラカミ》天皇（九四六－九六七）
村上源氏
63〈中宮〉冷泉《レイゼイ》天皇（九六七－九六九）
64〈中宮〉円融《エンユウ》天皇（九六九－九八四）
65〈側室〉花山《カザン》天皇（九八四－九八六）
67〈側室〉三条《サンジョウ》天皇（一〇一一－一〇一六）
66〈側室〉一条《イチジョウ》天皇（九八六－一〇一一）
68〈中宮〉後一条《ゴイチジョウ》天皇（一〇一六－一〇三六）
69〈中宮〉後朱雀《ゴスザク》天皇（一〇三六－一〇四五）
70〈東宮妃〉後冷泉《ゴレイゼイ》天皇（一〇四五－一〇六八）
71〈皇后〉後三条《ゴサンジョウ》天皇（一〇六八－一〇七二）
72〈側室〉白河《シラカワ》天皇（一〇七二－一〇八六）
73〈中宮〉堀河《ホリカワ》天皇（一〇八六－一一〇七）
74〈側室〉鳥羽《トバ》天皇（一一〇七－一一二三）
平安時代中期、「摂関政治」の権力争いの中で、藤原氏によって「皇后」と同じ正妻のポジションである「中宮」が作られた。一人の天皇に、二人の正妻がいたことも…！
75〈中宮〉崇徳《ストク》天皇（一一二三－一一四一）
77〈中宮〉後白河《ゴシラカワ》天皇（一一五五－一一五八）
76〈皇后〉近衛《コノエ》天皇（一一四一－一一五五）
78〈側室〉二条《ニジョウ》天皇（一一五八－一一六五）
80〈側室〉高倉《タカクラ》天皇（一一六八－一一八〇）
79〈側室〉六条《ロクジョウ》天皇（一一六五－一一六八）
81〈中宮〉安徳《アントク》天皇（一一八〇－一一八五）
守貞《モリサダ》親王
82〈側室〉後鳥羽《ゴトバ》天皇（一一八三－一一九八）
86 後堀河《ゴホリカワ》天皇（一二二一－一二三二）
83〈側室〉土御門《ツチミカド》天皇（一一九八－一二一〇）
84〈側室〉順徳《ジュントク》天皇（一二一〇－一二二一）
87〈中宮〉四条《シジョウ》天皇（一二三二－一二四二）
88〈側室〉後嵯峨《ゴサガ》天皇（一二四二－一二四六）
85〈中宮〉仲恭《チュウキョウ》天皇（一二二一－同）
89〈中宮〉後深草《ゴフカクサ》天皇（一二四六－一二五九）
90〈中宮〉亀山《カメヤマ》天皇（一二五九－一二七四）
92〈側室〉伏見《フシミ》天皇（一二八七－一二九八）
91〈皇后〉後宇多《ゴウダ》天皇（一二七四－一二八七）

〈次ページへ〉

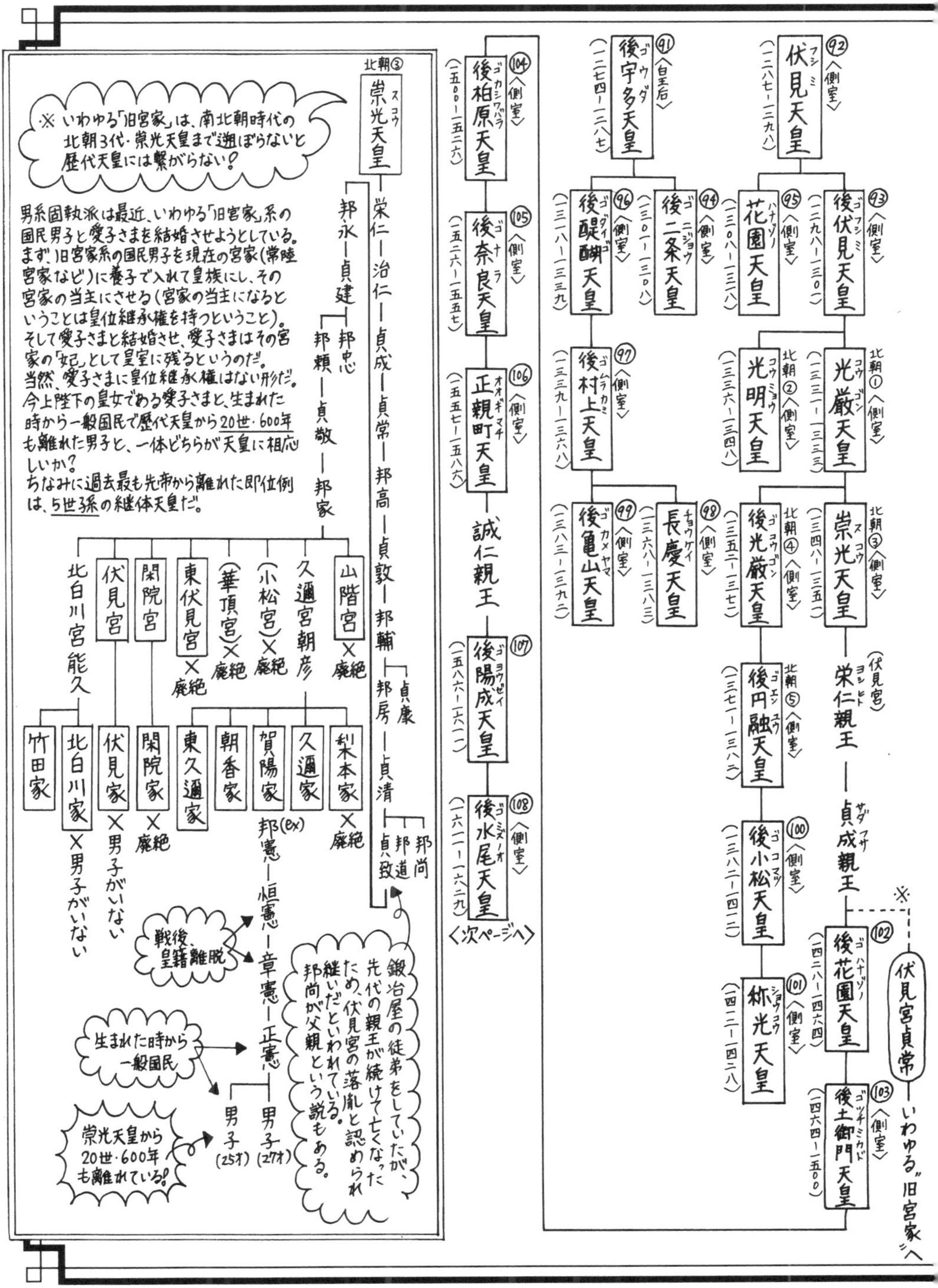

92〈側室〉
伏見《フシミ》天皇
(一二八七－一二九八)
91〈皇后〉
後宇多《ゴウダ》天皇
(一二七四－一二八七)
93〈側室〉
後伏見《ゴフシミ》天皇
(一二九八－一三〇一)
95〈側室〉
花園《ハナゾノ》天皇
(一三〇八－一三一八)
94〈側室〉
後二条《ゴニジョウ》天皇
(一三〇一－一三〇八)
96〈側室〉
後醍醐《ゴダイゴ》天皇
(一三一八－一三三九)
北朝①〈側室〉
光厳《コウゴン》天皇
(一三三一－一三三三)
北朝②〈側室〉
光明《コウミョウ》天皇
(一三三六－一三四八)
97〈側室〉
後村上《ゴムラカミ》天皇
(一三三九－一三六八)
北朝③〈側室〉
崇光《スコウ》天皇
(一三四八－一三五一)
北朝④〈側室〉
後光厳《ゴコウゴン》天皇
(一三五二－一三七一)
98〈側室〉
長慶《チョウケイ》天皇
(一三六八－一三八三)
99〈側室〉
後亀山《ゴカメヤマ》天皇
(一三八三－一三九二)
(伏見宮)
栄仁《ヨシヒト》親王
北朝⑤〈側室〉
後円融《ゴエンユウ》天皇
(一三七一－一三八二)
貞成《サダフサ》親王
100〈側室〉
後小松《ゴコマツ》天皇
(一三八二－一四一二)
※
102〈側室〉
後花園《ゴハナゾノ》天皇
(一四二八－一四六四)
101〈側室〉
称光《ショウコウ》天皇
(一四一二－一四二八)
伏見宮貞常
いわゆる"旧宮家"へ
103〈側室〉
後土御門《ゴツチミカド》天皇
(一四六四－一五〇〇)
104〈側室〉
後柏原《ゴカシワバラ》天皇
(一五〇〇－一五二六)
105〈側室〉
後奈良《ゴナラ》天皇
(一五二六－一五五七)
106〈側室〉
正親町《オオギマチ》天皇
(一五五七－一五八六)
誠仁親王
107
後陽成《ゴヨウゼイ》天皇
(一五八六－一六一一)
108〈側室〉
後水尾《ゴミズノオ》天皇
(一六一一－一六二九)
〈次ページへ〉
北朝③
崇光《スコウ》天皇
※いわゆる「旧宮家」は、南北朝時代の北朝3代・崇光天皇まで遡ぼらないと歴代天皇には繋がらない!
男系固執派は最近、いわゆる「旧宮家」系の国民男子と愛子さまを結婚させようとしている。まず、旧宮家系の国民男子を現在の宮家(常陸宮家など)に養子で入れて皇族にし、その宮家の当主にさせる(宮家の当主になるということは皇位継承権を持つということ)。そして愛子さまと結婚させ、愛子さまはその宮家の「妃」として皇室に残るというのだ。当然、愛子さまに皇位継承権はない形だ。今上陛下の皇女である愛子さまと、生まれた時から一般国民で歴代天皇から20世・600年も離れた男子と、一体どちらが天皇に相応しいか?
ちなみに過去最も先帝から離れた即位例は、5世孫の継体天皇だ。
栄仁―治仁―貞成―貞常―邦高―貞敦―邦輔
貞康
邦房―貞清
邦尚
邦道
貞致
邦永―貞建
邦忠
邦頼―貞敬―邦家
山階宮 ×廃絶
久邇宮朝彦
(小松宮)×廃絶
(華頂宮)×廃絶
東伏見宮 ×廃絶
閑院宮
伏見宮
北白川宮能久
梨本家 ×廃絶
久邇家
賀陽家
朝香家
東久邇家
閑院家 ×廃絶
伏見家 ×男子がいない
北白川家 ×男子がいない
竹田家
邦憲(ex)―恒憲―章憲―正憲
男子(27才)
男子(25才)
鍛冶屋の徒弟をしていたが、先代の親王が続けて亡くなったため、伏見宮の落胤と認められ継いだといわれている。邦尚が父親という説もある。
戦後、皇籍離脱
生まれた時から一般国民
崇光天皇から20世・600年も離れている!

男系固執派の竹田恒泰氏は「確率論的に考えると、4つの宮家と直系の5系統が同時に途絶える確率は1024世代（約30720年）に1度、さらに1つの宮家を増やして6系統にしたら4096世代（約122880年）に1度になる！だから旧宮家系から4人を皇族にして宮家を作れば安泰だ！」と主張していた。
ところが実際は、戦後、最大7つの宮家（直系と合わせて8系統）があったが、このままいけば宮家はすべて途絶えてなくなる。
それどころか、悠仁さまに男子が生まれなければ、皇統そのものが断絶してしまう。
どこが安泰なのか？？

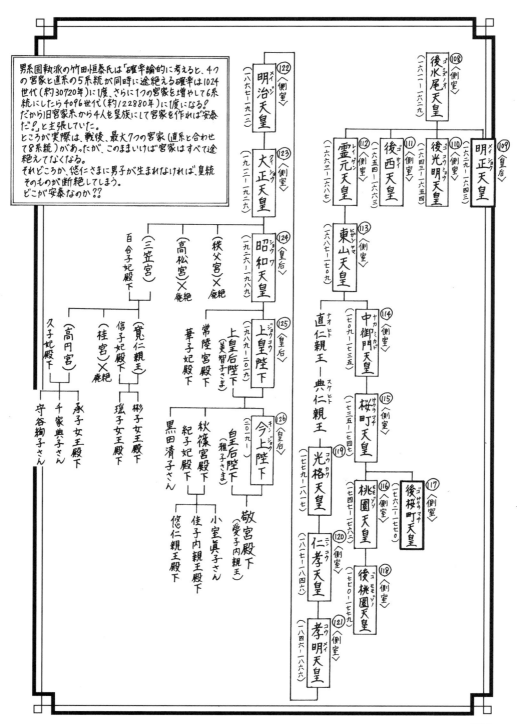

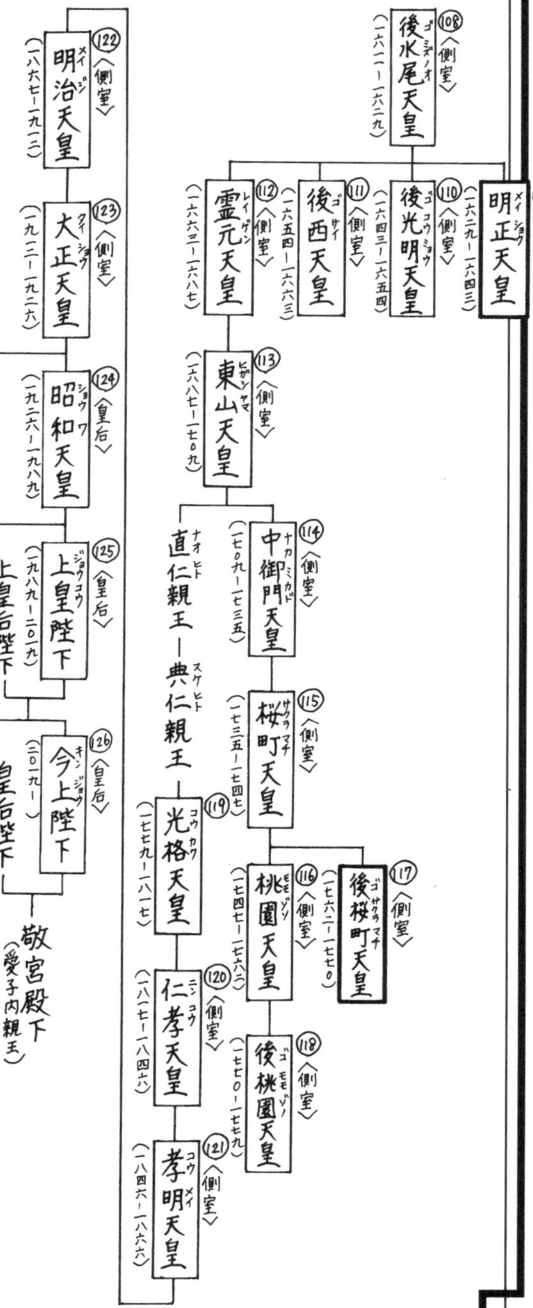

参考文献

義江明子『女帝の古代王権史』（ちくま書房）
義江明子『天武天皇と持統天皇　律令国家を確立した二人の君主【日本史リブレット人】』（山川出版社）
義江明子『日本古代女帝論』（こう書房）
佐伯智広『皇位継承の中世史　血統をめぐる政治と内乱』（吉川弘文館）
高森明勅『「女性天皇」の成立』（幻冬舎新書）
高森明勅『日本の10大天皇』（幻冬舎新書）
高森明勅『天皇「生前退位」の真実』（幻冬舎新書）
田中卓『愛子さまが将来の天皇陛下ではいけませんか　女性皇太子の誕生』（幻冬舎新書）
辻田真佐憲『文部省の研究　「理想の日本人像」を求めた百五十年』（文春新書）
友納尚子『ザ・プリンセス　雅子妃物語』（文藝春秋）
平泉澄『少年日本史』（皇學館大学出版部）
小林よしのり『女性天皇の時代』（ベスト新書）
小林よしのり『ゴーマニズム宣言SPECIAL　新天皇論』（小学館）

初出一覧

第1章　直系よしりんvs男野系子　『週刊SPA!』2023年1月3・10日合併号
第2章　門地による差別って何？　『週刊SPA!』2023年1月17日号
第3章　血統が違う？　『週刊SPA!』2023年1月24・31日合併号
第4章　男系集結の固執亭　『週刊SPA!』2023年2月7日号
第5章　女の血は穢れか？　『週刊SPA!』2023年2月14日号
第6章　Y染色体は飛脚の屋号である　『週刊SPA!』2023年2月21・28日合併号
第7章　紛糾！　固執亭の怪奇　『週刊SPA!』2023年3月7日号
第8章　易姓革命という虚言 前編　『週刊SPA!』2023年3月14日号
第9章　易姓革命という虚言 後編　『週刊SPA!』2023年3月21・28日合併号
第10章　男野系子のリアルな反撃　『週刊SPA!』2023年4月4日号
第11章　平成と令和・有識者会議　『週刊SPA!』2023年4月11・18日合併号
第12章　先例ではなく漸進的刷新が皇室　『週刊SPA!』2023年4月25日号
第13章　男系派のリアルとは？　『週刊SPA!』2023年5月2・9日合併号
【番外編】　週刊誌のねつ造から見える男系固執派の断末魔の叫び　2023年3月28日発行「小林よしのりライジング」（まぐまぐ）第464号を大幅に加筆・修正
第14章　家政婦よしりんは見た！　『週刊SPA!』2023年5月16日号
第15章　逆賊と戦う政治家たち　『SAPIO』（小学館）2017年4月号
第16章　森友学園とアナクロ極右　『SAPIO』（小学館）2017年5月号
第17章　皇室典範「特例法」の問題点　『SAPIO』（小学館）2017年6月号
第18章　眞子さま婚約、最後の賭けか？　『SAPIO』（小学館）2017年8月号
第19章　雅子皇后への眼差しの変化　『週刊SPA!』2019年12月24日号
第20章　皇統の男系固執、終了！　『週刊SPA!』2020年3月24・31日合併号
第21章　男系カルトと統一協会　『週刊SPA!』2022年9月20・27日合併号
第22章　Y染色体はわしも持っている　『週刊SPA!』2022年11月22・29日合併号
第23章　いるいる詐欺は国賊です その1　『週刊SPA!』2022年3月22・29日合併号
第24章　いるいる詐欺は国賊です その2　『週刊SPA!』2022年4月5日号
第25章　いるいる詐欺は国賊です その3　『週刊SPA!』2022年4月12日号

ゴーマニズム宣言 SPECIAL
愛子天皇論

発行日
2023年6月16日　初版第一刷発行

著者
小林よしのり

発行者
小池英彦

発行所
株式会社扶桑社
〒105-8070 東京都港区芝浦1-1-1 浜松町ビルディング
電話 03-6368-8875（編集） 03-6368-8891（郵便室）
www.fusosha.co.jp

印刷・製本
大日本印刷株式会社

ISBN978-4-594-09500-0